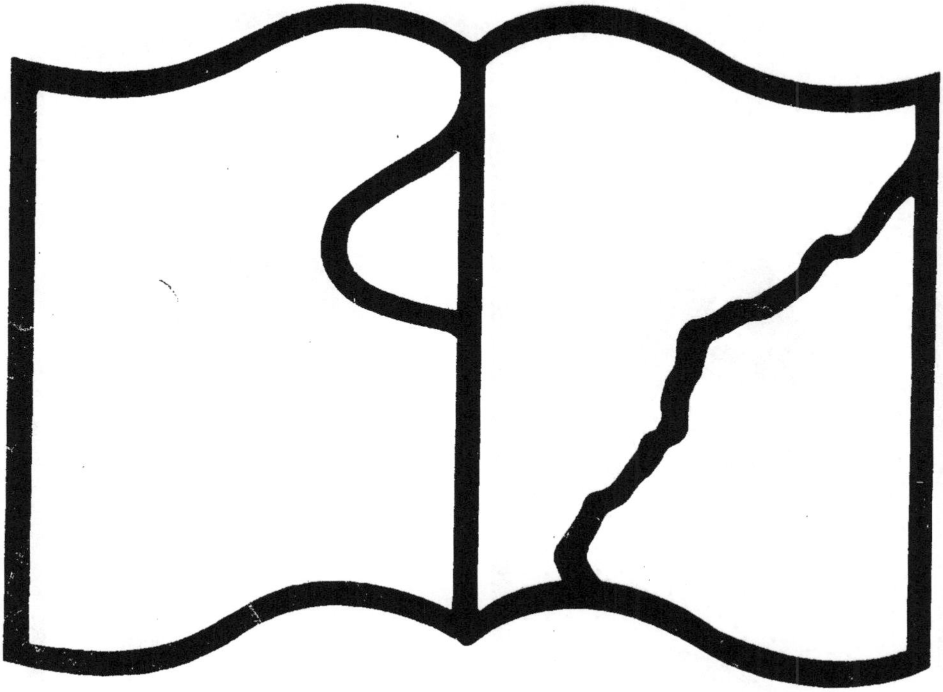

Texte détérioré — reliure défectueuse

NF Z 43-120-11

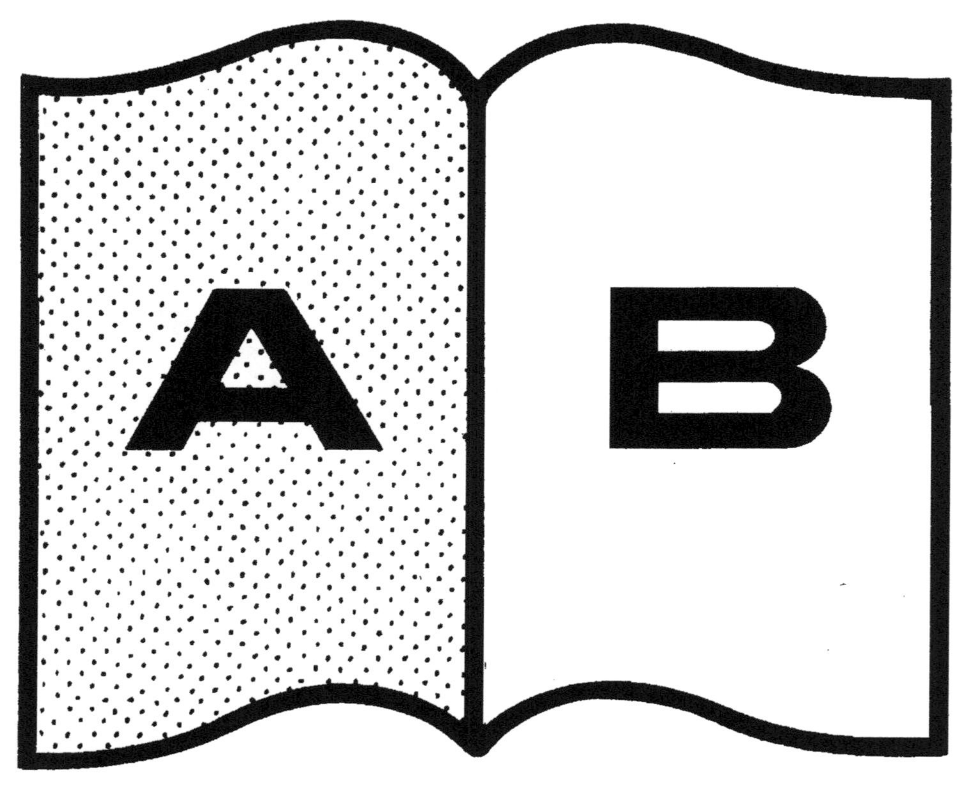

Contraste insuffisant

NF Z 43-120-14

C. E. VIGOUREUX

L'AVENIR

DE

L'EUROPE

ENVISAGÉ AU DOUBLE POINT DE VUE

DE LA

Politique de SENTIMENT

ET DE LA

Politique d'INTÉRÊT

PARIS

Ancienne Librairie Germer Baillière et Cⁱᵉ

FÉLIX ALCAN, Éditeur

108, Boulevard Saint-Germain, 108

1891

L'AVENIR DE L'EUROPE

IMPRIMERIE & LITHOGRAPHIE J. VENTRE & C°

Rue de la Préfecture, 6 — Nice

ESSAIS DE POLITIQUE INTERNATIONALE

L'AVENIR

DE

L'EUROPE

ENVISAGÉ AU DOUBLE POINT DE VUE

DE LA

Politique de SENTIMENT

ET DE LA

Politique d'INTÉRÊT

Par C. E. VIGOUREUX

PARIS

ANCIENNE LIBRAIRIE GERMER BAILLIÈRE ET Cie

FÉLIX ALCAN, Éditeur

108, Boulevard Saint-Germain, 108

1891

PRÉFACE

—

Au moment où l'Europe est dans l'enfantement laborieux de nouveaux groupements, dont les conséquences sont incalculables, ne convient-il pas de dire bien haut ce que beaucoup pensent tout bas, de préciser les positions prises par les camps en présence ?

L'intérêt et le sentiment en matière de politique internationale me paraissent résumer les arguments dont se servent les hommes d'Etat et les diplomates, en général. Lorsqu'ils représentent une nation forte, ils ne s'occupent que de l'intérêt, laissant dédaigneusement de côté le sentiment ; lorsqu'ils représentent une nation faible, c'est tout le contraire, ils parlent avec émotion du « droit des gens », des choses du cœur ; quant à l'intérêt, ils ont soin de l'oublier, certains d'avance qu'ils en seraient victimes.

Dans toute discussion publique ou privée, sur les évènements internationaux qui se sont accomplis, s'accomplissent ou s'accompliront, n'est-il pas d'usage d'employer absolument la même tactique que celle qu'emploient les hommes d'Etat ? Parle-t-on d'une union des races latines, beaucoup répondent : c'est une faiblesse d'y songer ; l'intérêt seul doit guider les relations des peuples. Parle-t-on de la spoliation de l'Alsace-Lorraine? les allemands répondent qu'ils ont été guidés par le *sentiment seul* en réunissant à l'empire allemand une province d'origine allemande.

N'est-ce pas au nom du sentiment que les deux grandes nationalités allemande et italienne se sont fondées ?

N'est-ce pas au nom du sentiment que les alliés monarchiques de 1815 démembraient la France ?

N'est-ce pas au nom du sentiment que l'Allemagne détruisait la royauté du Hanovre pour que ce pays bénéficiât du joug prussien ?

Presque toutes les puissances invoquent la politique de sentiment pour couvrir leurs actes ; on ne trouvera donc pas mauvais que je la prenne au sérieux en lui faisant une large place dans cet ouvrage et que j'admette qu'elle me semble appelée à faire triompher un jour la morale, la justice et le droit contre la force, dans les luttes et les discussions des peuples.

Le « droit des gens » s'impose chaque jour davantage ; autrefois il faisait sourire ; aujourd'hui il se dresse aussi calme que terrible devant les conquérants.

Par politique d'intérêt, j'entends tout ce qui est basé sur l'égoïsme d'un roi, d'une dynastie, d'une domination quelconque, sans aucune préoccupation de droit, de justice ou d'humanité. Aussi ai-je divisé mon travail en deux parties principales ; j'ai intitulé la première : *Politique de sentiment* et la seconde : *Politique d'intérêt*.

Comme moyen d'exécution, je classe dans la *Politique de sentiment* l'union complète de la France, du Portugal, de l'Espagne, de l'Italie et de la Grèce pour résister aux Anglo-Saxons et préparer le plus tôt possible les Etats-Unis d'Europe.

Quant à la *Politique d'intérêt* qui fait l'objet de la deuxième partie de ce livre, je la base, en résumé, sur l'alliance de la France et de la Russie en essayant de prouver le mauvais côté des calculs d'intérêt exclusif. Il est évident que les deux alliances que je viens d'indiquer, l'une franco-latine et l'autre franco-russe seraient conclues par des liens différents. La première serait faite par le sentiment de la famille latine; la seconde, par l'intérêt commun de la Russie et de la France, amenant dans un cas comme dans l'autre la Confédération républicaine d'Europe, seule solution capable de nous sauver de la ruine morale et matérielle.

Telles sont les grandes lignes de l'ouvrage que je présente à ceux qui s'intéressent aux questions vitales de l'humanité, à ceux qui croient que notre époque prépare et élabore une période grandiose, un renouveau de splendides conceptions. C'est pourquoi je traite certains points sans trop les approfondir, ayant la conviction, qu'aujourd'hui cela suffit et qu'il est inutile de s'épuiser en démonstrations oiseuses. Le lecteur complète et développe la pensée de l'auteur ; ils deviennent ainsi deux collaborateurs d'autant plus intimes qu'ils poursuivent le même but et qu'ils sont unis par le même désir de faire triompher la justice et le progrès.

PREMIÈRE PARTIE

POLITIQUE DE SENTIMENT

INTRODUCTION

—

Le premier acte d'une véritable politique de
sentiment, serait, à mon avis, de réaliser l'union
des nations latines de l'Europe. Cette idée, je ne
l'ignore pas, est en général considérée comme
une utopie.

Beaucoup de personnes pensent que la solidarité latine, l'affinité des races et des langues, ne
sont que des mots ; qu'il faut voir l'intérêt des
peuples, et que celui de l'Italie est d'être avec
la nation qu'elle croit la plus forte, avec l'Allemagne ; qu'agir autrement serait folie de sa part.
Ensuite qu'une réconciliation avec la France

paraît impossible, les divisions étant trop profondes; que l'Espagne a trop d'intérêt à rester en dehors des complications européennes ; que le Portugal s'en soucie encore moins et que la Grèce est trop peu de chose pour songer à élever la voix.

Quelques hommes politiques, peu bienveillants, n'hésitent pas à affirmer qu'une union latine ne serait profitable qu'à la France pour lui faciliter la reprise de l'Alsace-Lorraine en assurant sa prépondérance sur les peuples latins.

Je crois qu'il vaudrait mieux dire franchement que notre siècle est trop positif ou plutôt trop peu avancé dans l'amour du « droit des gens » pour mettre en pratique, encore moins discuter, l'alliance des Nations de même race. Cependant le projet de cette union peut être non seulement présenté, je le répète, mais soutenu avec succès, je crois même que si les hommes intelligents des cinq nations latines répandaient cette noble idée dans les foules et secouaient la torpeur des peuples, en leur faisant voir le terrible danger qui les menace, la réussite serait certaine.

Mais qu'on ne s'y trompe point, cette union des latins n'a pas pour but de les rendre plus forts pour devenir agressifs ou former un groupe spécial entièrement fermé, loin de là est ma pensée, j'entends rendre les Latins forts pour qu'ils puissent fusionner librement avec les autres races et en même temps se défendre contre elles de tout envahissement et de tout asservissement, estimant qu'ils sont indispensables tant au point de vue social qu'à celui du progrès, du beau et de tous les sentiments nobles et élevés dont s'honore l'humanité.

En effet, les Latins n'ont-ils pas toujours marché à la tête de la civilisation, se distinguant par leur finesse, leur intelligence et leur tact ?

N'ont-ils pas donné à notre vieille Europe et à l'Amérique les principes du Droit ? N'ont-ils pas jeté les bases organiques de la société actuelle, comme celles de la commune, du département, de la province, etc. ?

Plus on avance dans l'histoire, plus on constate les grandes œuvres des Latins. La Renaissance sauve le monde artistique, scientifique et la civilisation d'une perte certaine. L'Espagne découvre le Nouveau-Monde, d'où est sortie après de nombreuses convulsions cette pléiade de jeunes Républiques latines qui seront peut-être la force de demain, en contribuant à la régénération de l'ancien continent.

En défendant ce groupement des races latines, je crois travailler à un état social supérieur à celui que nous possédons actuellement, car il est évident que si l'humanité était groupée en quelques grandes familles sœurs au lieu d'être divisée en quantité de 'peuples toujours prêts, non seulement à se nuire mais à s'entretuer, on ne connaîtrait plus de mesquins intérêts, on ne combattrait plus pour se dominer; les grandes familles humaines, comme je les entends, auraient le calme et la dignité qui conviennent aux puissants et à ceux dont la formation serait due au sentiment et non à l'intérêt.

Depuis l'union morale et matérielle de leurs provinces, les guerres intestines n'ont plus déchiré la France, l'Espagne et l'Italie ; de même, lorsqu'il n'y aura plus que quelques groupements de races, bien des raisons de luttes fratricides auront disparu, et l'humanité marchera à grands pas vers ce beau rêve d'aujourd'hui : la fraternité universelle. Elle ne réalisera peut-être jamais ce rêve, c'est possible ; mais en dirigeant tous ses efforts pour l'accomplir, elle ne fera certainement que s'améliorer, au grand bénéfice des individus qui la composent.

Dans les pages qui vont suivre, je développerai tous les arguments qui me paraissent militer en faveur de l'union, de l'alliance des nations latines de l'Europe ; je me répéterai certainement, aussi je m'en excuse bien vite afin qu'on me lise patiemment.

J'essaierai de prouver tout ce qui nous rattache, tout ce qui nous unit à l'Italie, à l'Espagne, au Portugal et à la Grèce. Toutefois, je m'adresserai plus longuement aux Italiens, en les conjurant de s'unir à nous pour entraver d'abord et pour empêcher ensuite, l'exécution du terrible testament de Frédéric II par Guillaume II.

CHAPITRE Iᵉʳ

ALLIANCE AVEC L'ITALIE

Que les Italiens se pénètrent bien de ceci :
le « finis Galliæ » serait aussi le « finis Italiæ ».
Les Teutons après avoir réduit la France à l'impuissance se répandraient dans les plaines ferti-
les de la Lombardie, envahiraient cette Italie
qui hante leur cerveau comme un doux rêve,
cette Italie qu'ils ont toujours convoitée à toutes
les époques de l'histoire.

L'Italie devrait se souvenir des invasions sans
cesse répétées des Allemands, invasions qui n'ont
été qu'une longue suite de meurtres et de tortures, afin de noyer dans le sang latin les premiers germes de cette sainte liberté pour laquelle
les Italiens ont si souvent combattu. Je déplore
profondément que cet horrible passé soit oublié

à dessein dans l'éducation italienne, laquelle s'efforce au contraire de développer l'amour de tout ce qui est allemand à un tel point que le « *Tedesco* » d'autrefois n'est plus une injure, mais un mot agréable aux oreilles de beaucoup d'Italiens. C'est une aberration morale ! Aussi vais-je essayer de rappeler brièvement quelques-unes des atrocités commises par les Allemands en Italie, en tous temps odieuses. Elles auraient dû écarter à jamais toute idée d'alliance avec la race allemande et j'estime qu'un Français ne saurait trop les rappeler, afin de combattre énergiquement cette étrange union italo-allemande.

En voici quelques-unes :

« Othon II, empereur d'Allemagne au Xe siècle, avait convié à un magnifique festin qu'il donnait à Rome, les plus grands seigneurs d'Italie et les principaux députés de la Péninsule. Comme il craignait un soulèvement du peuple contre son auguste personne, il voulut le prévenir par un spectacle terrifiant. Pendant le repas, une troupe de soldats envahit le palais et massacra les convives que l'empereur désignait à leurs coups. Les survivants cherchèrent à s'enfuir, mais Othon les obligea à rester à table et le festin continua comme si rien ne s'était passé. »

« Son successeur Othon III ne fut pas moins cruel. Les Romains, sous les auspices de leur nouveau consul Crescence, s'étaient soulevés contre la tyrannie de ce prince. Celui-ci vint assiéger la ville Éternelle. Sous prétexte d'entrer en composition avec Crescence, il l'attira dans son camp ; mais aussitôt il se saisit du Consul trop confiant, le fit conduire par toute la ville, affourché sur un âne, la tête tournée vers la queue, le soumit avec douze des principaux habitants, aux plus cruelles tortures et ordonna qu'on le jetât du haut de la forteresse, où le malheureux s'était réfugié pour lui tenir tête ; puis il le fit décapiter et pendre par les pieds. Ses compagnons d'infortune subirent le même supplice et le Pape qui avait pris parti pour eux eut les yeux crevés [1].

« En 1245, Frédéric II (des Hohenstaufen prédécesseurs des Hapsbourg) envahissait l'Italie, assiégeait Bologne et devant cette ville amenait mille habitants de Parme, chaque jour il faisait trancher la tête à deux Italiens et il ne cessa que le troisième jour devant l'indignation des siens ; quant aux autres ils moururent en prison de privations et de terreur. Ses généraux, dans d'autres endroits de l'Italie, enfermaient leurs victimes dans des prisons à moitié murées pour les faire mourir de faim ; les cris de ces malheureux remplissaient d'effroi les villes où ces cruautés se passaient. Ailleurs, ils faisaient mettre les Italiens

---

(1) Neukomm, *Voyage au pays du déficit*, p. 81.

à la torture, non pour les faire parler, mais pour rendre leur mort plus douloureuse. Des cachots horribles avaient été construits, suivant ses instructions, sans lumière ; sur l'ordre des princes allemands on y entassait des hommes, des femmes, des enfants ; parmi ces derniers quelques-uns avaient eu les yeux crevés ou avaient été mutilés. A Vérone, ils massacrèrent une partie de la population ; enfin ils pendirent toute la garnison d'Arola [1]. »

Les Italiens ont subi tous ces massacres dans leurs luttes pour l'indépendance et aujourd'hui ils sont les alliés des empereurs d'Allemagne et d'Autriche ! Mais leurs martyrs d'autrefois sont-ils donc oubliés ? Les monuments parlent encore cependant. Edmond About, dans sa *Rome Contemporaine*, cite l'inscription suivante qu'il a copiée sur une colonne :

Arrête un instant, voyageur,
Quelle que soit la hâte qui t'entraîne !
Priverne, antique ville du Latium,
Capitale des Volsques,
Municipe romain,
Victime de la fureur des *Teutons*,
A laissé, tu le vois,
Peu de trace dans les ruines qui jonchent
La plaine voisine ;

---

(1) Tholmey.

Les édifices nouveaux élevés sur le sommet
De cette colline
Attestent la grande âme et les sentiments généreux
De citoyens intrépides
Qui ont ressucité le nom et l'existence
De leur patrie éteinte.
Pour que cette gloire de Priverne et des Privernates
Ne passât point inaperçue devant toi,
Le Sénat et le Peuple de Priverne
Ont élevé ce monument.
L'an de la Rédemption, 1753.
Restauré en 1845.

En 1746, les Autrichiens dominaient Gênes et leur général, Botto d'Adorno, était d'une férocité digne des temps barbares. Pour ne citer qu'un fait, il osa répondre à une délégation des notables gênois qui venaient le supplier de cesser ses exactions : « *S'il ne vous reste plus rien, il vous restera toujours vos yeux pour pleurer.* »

On peut voir à Gênes, sur la place Sortaria, en face de l'hôpital, la statue de Bolila, de son vrai nom Baptiste Perusso. C'était un jeune teinturier gênois, âgé de 17 ans ; il osa le premier jeter une pierre contre les Autrichiens. La foule le suivit et ce fut pendant cinq jours une véritable boucherie dans les rues de Gênes ; mais la ville fut délivrée et les braves gênois respirèrent librement le 11 décembre 1746 ; les Français approchaient d'ailleurs et devaient compléter peu de temps après leur sécurité.

Presque tous les Empereurs d'Allemagne ont dominé l'Italie ; Marie-Thérèse ou ses enfants y ont commandé pendant près d'un siècle. Au congrès de Vienne de 1814-1815, l'Autriche augmentait encore son pouvoir sur la Péninsule et l'assurait complètement, après l'envahissement de 1820, pour empêcher le peuple italien d'obtenir une constitution ; et en 1848-1849 la Lombardie et les Duchés devinrent de nouveau un champ de massacre et d'horreur; l'Autriche voulant y étouffer tout germe de liberté et y éterniser la domination des princes de sa maison.

Enfin, la France seule débarrassa l'Italie des Autrichiens, malgré les Prussiens, car il me faut rappeler que ces derniers avaient mobilisé 120.000 hommes sur le Rhin pour arrêter Napoléon III durant son œuvre d'émancipation de l'Italie. (Au besoin la Prusse aurait profité des pertes que la France venait d'éprouver et lui aurait arraché quelques années plus tôt l'Alsace et la Lorraine.)

L'histoire est bien dure pour les Allemands : ils ont été les bourreaux de l'Italie ; et là-dessus je n'exagère point mes sentiments ; ils sont simples et sincères, ils sont fondés. Ont-ils cessé de la persécuter au dix-neuvième siècle ? Absolument non ; les armes ont changé, voilà tout. Le jugement d'un célèbre allemand sur les Italiens le prouve bien ; il reste, il subsiste comme un monument, car il s'agit de Schopenhauër et on est trop fier de lui en Allemagne pour le renier à propos de la Triple-Alliance. Le gouvernement italien se garde bien de donner ses œuvres à méditer aux citoyens qu'il jette dans les bras de l'Allemagne. Voici ce jugement fidèlement traduit :

. . . .

« Le trait *national* du caractère italien est une parfaite *impudeur*, cette qualité consiste dans *l'effronterie* qui se croît propre à tout, et dans la *bassesse* qui ne se refuse à rien. Quiconque a de la pudeur est trop timide pour certaines choses, trop fier pour certaines autres. L'Italien n'est ni l'un ni l'autre, on le trouve selon l'occurrence, humble ou orgueilleux, modeste ou suffisant, dans la poussière ou dans les nuages. » Est-ce assez méchant ? [1]

Pour en finir avec ces citations déjà longues, je rappellerai à l'Italie gouvernementale le langage attribué à M. de Bismarck et que je n'ai jamais entendu contredire. Ce langage et l'attitude du gouvernement que caractérisait alors le Chancelier de fer sont des plus injurieux pour l'Italie ; il est incroyable qu'on ait pu l'y oublier et je suis heureux de le rappeler, puisque cela me permet de dire bien haut à nos frères latins

---

(1) *L'Italie qu'on voit et l'Italie qu'on ne voit pas*, par Brachet.

de la Péninsule : Les Allemands vous trompent
odieusement ; ils vous haïssent, ils vous méprisent et vous le prouveront cruellement un jour ;
ils seront alors plus dangereux comme alliés que
comme ennemis. Je cite le texte de Rothan relatif à la guerre italo-allemande contre l'Autriche [1] :
« Le 26 juillet, le Chancelier de Prusse signait
à la fois les préliminaires de la paix et un armistice de quatre semaines, *sans s'arrêter aux
réclamations* du Ministre d'Italie qui n'était autorisé à adhérer que sous trois conditions : 1º la
remise directe de Vérone ; 2º la renonciation de
l'Autriche à tout dédommagement pour l'abandon
de la Vénétie ; 3º la cession du pays de Trente. »

« M. de Bismarck, tant que les conditions de la
paix n'étaient pas assurées, n'avait rien négligé
pour encourager l'Italie dans ses prétentions et
dans la résistance qu'elle opposait à la France.
Il en convint avec M. Benedetti, tandis que M.
de Goltz s'indignait à Paris contre de *perfides
insinuations*. Mais, une fois d'accord avec l'Autriche, il reconnut subitement que l'attitude de
son allié était pour le moins étrange et ses
exigences injustifiables. Il lui reprochait d'élever
des prétentions nouvelles et inattendues ; il déclarait que l'acquisition de la Vénétie remplissait amplement les conditions de l'alliance, et il

---

(1) *La Politique Française,* en 1866.

se refusait à admettre que la Prusse fut obligée de continuer la guerre pour procurer aux Italiens des avantages excédant leurs engagements respectifs. *Vos réclamations*, ajouta-t-il ironiquement, *seraient à peine admissibles, si votre armée s'était emparée du quadrilatère et avait conquis ce que vous revendiquez.* M. Benedetti, de son côté, ne cachait pas à M. de Barral combien il trouvait étrange d'exiger de l'Autriche, qui nous avait cédé la Vénétie, la remise directe et immédiate de Vérone. Il n'aurait alors dépendu que de la France de faire regretter à l'Italie les amers ennuis qu'elle lui causait ».

Dans un remarquable article intitulé « La Triple Alliance », signé ***, qui a paru dans la « *Revue des deux Mondes* » (15 février 1891) [1], je lis :

« Un lucide et prévoyant patriote italien remontrait l'an dernier à ses compatriotes dans une publication dont ils devraient faire leur bréviaire national (*L'Italie*, attribuée à M. Visconti Venosta, qui, cependant, n'en a pas confessé la paternité que nous sachions), avec quel souci ils devraient se défier de la Prusse. Ils y verraient que le *roi*

---

(1) Cet article est suivant moi un des meilleurs qui ont paru sur cette question. Je me suis senti singulièrement encouragé par les belles pages qui le composent. Elles sont en communauté parfaite de sentiments avec ce que je me suis permis de développer ici.

Guillaume a été de tous les souverains de l'Europe, le *dernier à reconnaître le nouveau royaume d'Italie, qu'il s'y est déterminé sur les instances de la France* et pour ne pas se séparer de l'empereur dé Russie ; ils y verraient que le cabinet de Berlin a pris dans ses communications officielles hautaines et blessantes pour la dignité du roi Victor-Emmanuel, la défense des Princes déchus dont les populations se donnaient au Piémont. Ils sauraient qu'en 1865 pour obtenir la participation de l'Autriche en Danemarck, M. de Bismarck lui avait promis le concours de l'armée prussienne en Vénétie au cas où la France interviendrait pour appuyer une agression de l'Italie. »

Enfin, lors du Congrès de Berlin, en 1878, lorsque les plénipotentiaires italiens réclamèrent inutilement quelques avantages qui leur furent nettement refusés, les journaux allemands et autrichiens raillèrent grossièrement l'Italie, quelques journaux humoristiques représentèrent même M. de Bismarck disant aux Ministres d'Italie : « Pourquoi demandez-vous quelque chose, puisque vous n'avez pas été battus ? »

Non seulement tout ce passé est oublié dans l'éducation italienne, mais elle est faite de telle sorte que la France a succédé à l'Allemagne et à l'Autriche dans la réprobation dont elles étaient l'objet. Les moindres actes de la France sont

présentés sous un jour si faux, si désavantageux,
qu'ils fomentent la haine entre la France et
l'Italie, haine véritablement douloureuse quand
elle se produit entre des peuples ayant des idées
communes, des sentiments identiques, ayant
souffert pour les mêmes causes, éprouvant les
mêmes besoins et aspirant au même but.

Ne vaudrait-il pas mieux dire aux Italiens que
les peuples latins représentent l'idée nouvelle,
l'idée d'avenir, la République universelle, les
peuples affranchis et libres de leurs destinées ?
Et qu'au contraire les peuples anglo-saxons,
dominés comme ils le sont, représentent la réaction, le despotisme, l'asservissement, des cons-
ciences, la négation du progrès, de tout sentiment,
et que leurs formules favorites, les axiomes qu'ils
prisent par dessus tout, sont : « *La force prime
le droit.* » « *L'intérêt prime la signature.* »

Malheureusement, trop de diplomates, trop de
politiciens de mauvais aloi, de gens intéressés,
dévoyés, aveuglés par une éducation malheureuse et des préjugés spéciaux, cherchent à
atteindre un but diamétralement opposé. Ces
brouillons politiques s'efforcent de semer la discorde et la haine dans les cœurs en travestissant
des faits historiques dont les véritables responsabilités ne sont pas encore établies.

La France d'aujourd'hui est-elle réellement

responsable [1] des actes de tous ses rois, puisqu'elle a renoncé pour jamais à se les donner pour maîtres ? Je ne le crois point. Ce n'est même plus d'ailleurs, qu'à titre de pieux souvenir, comme disait M. de Cassagnac, que certains Français se rappellent des anciennes maisons régnantes [2].

Oui, je le répète, il faut combattre, sans trêve ni merci, les sinistres apôtres de la discorde entre les nations latines qui ne sont généralement que les soutiens de pouvoirs destinés à toujours diviser les peuples ; il faut à tout prix mettre en lumière les affinités naturelles qu'ont les groupes latins entr'eux, afin qu'ils apprennent à mieux se connaître et partant à s'aimer. C'est ainsi qu'ils accompliront la mission qui leur incombe : répandre dans le monde entier, affranchi de toute tutelle, l'idée régénératrice des peuples unis marchant ensemble à la conquête du Progrès.

---

(1) Comme exemple, je citerai les reproches qui nous sont faits par les libéraux italiens pour l'intervention du prince Louis Napoléon contre la République romaine de 1849. Je leur répondrai que nous avons été moins coupables que ne l'est aujourd'hui le gouvernement italien, puisque le 9 février 1891, les ministres d'Humbert Ier ont formellement empêché une pieuse manifestation qui avait été préparée à Rome pour célébrer le 42me anniversaire de la proclamation de cette République.

(2) Chambre des Députés, 10 décembre 1890.

CHAPITRE II

CONSIDÉRATIONS GÉNÉRALES SUR L'ITALIE

Je ne veux pas dans cette étude suivre le peuple italien dans toutes les transformations politiques et sociales qu'il a subies ; des plumes plus autorisées que la mienne ont accompli cette tâche. Je préfère parler des événements les plus heureux pour les deux nations au point de vue social et humain ; des grands hommes qui les ont unies au lieu de les diviser ; analyser leurs idées, leurs sentiments, les mettre en parallèle et découvrir les analogies existant entre eux. Car, nous le savons, ce sont les grands penseurs qui ont élaboré les idées d'avenir, de bonheur, de fraternité universelle. C'est pour cela même qu'il me paraît utile d'en parler : ils sont la plus haute expression du génie particulier à chaque nation. Ce sont eux qui ont préparé et préparent cette entente, cette paix entre les hommes, qui est l'idéal de toutes les âmes nobles, de tous les cœurs généreux.

Je ne me dissimule pas le côté ingrat de mon travail ; l'indifférence des uns plus que l'hostilité des autres feront que je combattrai sans résultat comme beaucoup d'écrivains qui m'ont précédé. Peu importe ; je serai toujours un Français de plus qui aura prêché cette sainte union des races latines.

La nation italienne, quoique ayant été à toute époque de l'histoire, fractionnée, soumise à différents régimes politiques, bien qu'ayant subi de nombreuses invasions par des peuples divers, forme aujourd'hui un tout homogène. Les dissemblances qu'un observateur peut noter entre les habitants des provinces italiennes ne sont qu'apparentes, physiques peut-être, je le concède ; mais, en réalité, le caractère italien est un. Le Piémontais, par exemple, a un tempérament plus froid que le Napolitain, mais il est incontestable qu'il existe entre ces deux membres de la famille italienne si opposés, soit par l'influence du climat, soit par l'influence des peuples dont ils ont subi le contact, une certaine affinité, car, au fond, si on les étudie moralement, il est entre eux une communauté d'idées, de sentiments et d'aspirations. Ceci est une preuve que l'unité existe ; qu'il n'y a plus dans le pays qui a nom Italie, que des Italiens.

En effet, à n'importe quelle époque de l'histoire d'Italie les plus grands écrivains de la Péninsule sèment parmi les différentes fractions du peuple italien des paroles de paix et de concorde ; tous prêchent en faveur de l'unité de la nation italienne, tous inspirent leurs livres du nom de Rome, la capitale du monde [1], comme ils la nomment, la capitale naturelle, toute désignée de leur pays. Il leur a toujours semblé, que tant qu'ils n'avaient pas la Ville Éternelle en leur pouvoir, ils étaient une nation décapitée. Ce culte pour Rome est dans le cœur de chaque Italien. Partout, même dans les bourgades les plus reculées, on connaît les hauts faits et les glorieuses conquêtes du peuple romain.

Dante ne faisait-il pas en plein moyen-âge ce rêve qui nous paraît absurde aujourd'hui, mais qui semblait réalisable à cette époque ? Reconstituer l'Empire romain et établir à Rome, en même temps que le pouvoir spirituel du Pape, le pouvoir temporel de l'Empereur. Cette ville aurait été ainsi la vraie capitale du monde entier, le centre de l'Univers.

---

(1) Préjugé patriotique sur lequel je reviendrai dans la seconde partie de ce livre.

Victor Hugo aussi, frappé de cette aspiration nationale, fait dire à Charles-Quint devant le tombeau de Charlemagne [1] :

« Ah ! c'est un beau spectacle à ravir la pensée,
Que l'Europe ainsi faite et comme il l'a laissée !
Un édifice, avec deux hommes au sommet,
Deux chefs élus auxquels tout roi né se soumet.

. . . .
. . . .

Le Pape et l'Empereur sont tout. Rien n'est sur terre
Que par eux et pour eux. Un suprême mystère
Vit en eux ; et le ciel, dont ils ont tous les droits,
Leur fait un grand festin des peuples et des rois.

. . . .
. . . .

Quand ils sortent, tous deux égaux, du sanctuaire,
L'un dans sa pourpre, l'autre avec son blanc suaire,
L'Univers ébloui contemple avec terreur
Ces deux moitiés de Dieu, *le Pape et l'Empereur !* »

. . . .
. . . .

Enfin, le roi Georges III d'Angleterre, faillit signer un projet de rétablissement de l'Empire romain, dans les conditions suivantes :

« *L'Italie limitée par les Alpes et les trois mers*, avec Rome pour capitale et résidence d'un Empereur. Les armoiries seront celles des anciens romains.

---

(1) Monologue de Don Carlos, dans *Hernani*.

« Cet Empereur sera choisi dans les familles qui règnent sur la Sardaigne, Naples ou l'Angleterre. La Corse, la Sardaigne, la Sicile et toutes les îles de la mer Adriatique feront partie intégrante de l'Empire romain. Il sera formé un royaume d'Illyrie, qui sera donné à la maison régnante de Sicile. Le Tyrol allemand sera cédé à la Suisse, en échange des baillages italiens de La Valteline [1]. »

Cette pensée constante de Rome capitale de l'Italie a toujours uni les Italiens de tous les partis ; leurs hommes d'Etat n'ont cessé de la poursuivre, et ils nous l'ont prouvé depuis Cavour, avec une énergie et une audace étonnantes. C'est là vraiment que se révèle leur préjugé patriotique, cet égoïsme agrandi dont ils ne voient pas le danger, car il recule l'avénement des grandes idées de l'union latine, de l'union européenne et de l'union universelle.

En effet, cette idée de Rome intangible, en a fait naître une autre plus vaste que celle de l'unité de l'Italie : c'est la reconstitution de l'Empire romain. Ceux qui ont succédé comme habitants de Rome aux Romains d'autrefois croient pouvoir revendiquer la domination de l'Europe sous ce prétexte qu'il y a eu à Rome, dix-huit

---

(1) *Journal de la Campagne d'Italie*, par le Comte d'Hérisson.

siècles avant eux, des conquérants qui dictaient la loi à notre vieux continent, et que de cette ville sont sortis tous les grands principes qui nous régissent encore à l'heure actuelle; c'est tout aussi injuste que d'attribuer à Paris, à la France seule la paternité absolue des événements sociaux accomplis par la Révolution française de 1789.

Ni Paris, ni Rome ne s'appartiennent : ils ne sont pas davantage à une province, à une nation, ils sont au monde, à l'humanité toute entière. Ces villes ont eu les douloureuses gestations des grandes conceptions, elles ont souffert pour leur défense, c'est vrai; mais elles ne doivent pas s'en enorgueillir; elles sont les stations choisies par le Progrès, et dans quelques siècles d'autres révolutions tout aussi importantes pour l'humanité pourront très bien s'accomplir à New-York ou à Pékin, sans que ceux qui habiteront ensuite ces villes aient la prétention de revendiquer comme leur œuvre et leur propriété les grands mouvements sociaux qui s'y accompliront. Ces mouvements ne sont que des résultantes des progrès de l'intelligence humaine; ils appartiennent à tous et non à quelques-uns. Les martyrs des grandes idées, les génies, les penseurs de chaque nation appartiennent à l'humanité toute entière : c'est faiblesse et fatuité, suivant moi, que de les revendiquer siens.

Un point sur lequel je crois devoir insister, c'est le patriotique orgueil qui anime le peuple italien au souvenir des traditions glorieuses de ses ancêtres, il est fier à juste titre des quantités de penseurs, de peintres, d'artistes, de poètes qui ont vu le jour sur cette terre ensoleillée, cette terre d'éclosions intellectuelles où aux vastes conceptions de Dante se mêlent les suaves idylles de Métastase, les pathétiques chansons de Pétrarque, où au milieu des chants d'amour éclatent les notes tristes, navrantes, pleines de larmes du grand Léopardi, profond penseur, savant émérite, caractère antique. Qu'un de ces noms retentisse à l'oreille d'un Italien, vous le verrez sourire d'orgueil, s'animer et vous serrer la main avec effusion. Voyez plutôt ces nombreux ouvriers italiens que les conditions économiques de leur patrie et le manque d'initiative de certaines classes dirigeantes forcent à émigrer, voyez-les, dis-je, ils ne pensent qu'à une chose, c'est à leur pays, à leurs montagnes ; ils n'ont qu'une vision, le beau ciel d'Italie ; ils travaillent pleins de courage, vivent sobrement pour réunir quelque argent et revoir ensuite leur village ; rarement ils fixent leur résidence à l'Étranger : ils sont réfractaires à la naturalisation. Aussi le meilleur moyen de captiver l'affection de ce peuple est de ne froisser en aucune façon ses faiblesses nationales, tout en essayant de se rendre bien compte de leurs justes limites, car certains Italiens sont insatiables ; mais la généralité est raisonnable. Il ne faut pas confondre le sentiment national italien avec les revendications plus ou moins fondées de plusieurs classes *d'irrédentistes*, ni avec celles de quelques rêveurs, qui veulent, comme je le disais plus haut, la reconstitution de l'Empire romain.

CHAPITRE III

DES RAISONS CAPITALES,
QUI RAPPROCHENT LA FRANCE DE L'ITALIE

La France a toujours été la seule puissance désintéressée qui ait vraiment voulu libérer l'Italie des races germaniques. Certes, au point de vue de la politique sentimentale, tous les esprits d'élite reconnaîtront que le gouvernement de la France, aujourd'hui grande et prospère, est le seul qui ne puisse voir avec déplaisir Rome capitale de l'Italie. Aussi les Français ont le droit de dire maintenant : *Que d'autres fassent ce que la France a fait trop de fois en rétablissant le pouvoir temporel du Pape, s'ils le jugent convenable à leurs intérêts ; pour notre compte nous ne saurions nous en méler en aucune circonstance.* Cette franchise de langage qui nous est permise aujourd'hui est certainement un de nos meilleurs titres à l'amitié de l'Italie.

Le gouvernement français est fort : à l'intérieur sa politique ne peut être mise en échec par un parti catholique comme en Allemagne et en Autriche ; il n'a donc de ce chef aucune compromission à subir. Les gouvernants italiens me paraissent absolument mal fondés à répéter sans cesse que la papauté a son principal soutien en France, ils savent bien le contraire et les actes du gouvernement français en sont une preuve palpable ; mais ils suivent les instructions de Berlin qui sont de rappeler le passé, l'intervention armée de la France, lors de la proclamation de la République romaine, intervention d'autant plus triste, il faut bien l'avouer, que l'occupation française de Rome de 1849 à 1870 ne nous concilia même pas l'amitié du gouvernement papal. C'est là une des plus grandes fautes de la France. Sans l'occupation de nos troupes, peut-être, à cette heure, l'Italie serait soumise à un régime plus démocratique ; peut-être la maison de Savoie marcherait-elle à plus grands pas vers la liberté et la communauté d'aspirations aurait réuni les deux nations-sœurs.

Cette atteinte aux plus nobles principes de la conscience humaine doit être réprouvée, et tous

les libéraux français l'ont fait depuis longtemps [1].

Mais, si les Français ont soutenu le pouvoir
temporel du Pape, ils lui ont certainement moins
fait de bien, ils l'ont moins relevé que ne l'a
fait l'Allemagne lors de l'affaire des Carolines.

Je me demande ce que l'on a pensé au
Quirinal en voyant étendre ainsi le pouvoir
spirituel et *temporel* du Pape. Quel a été le but
de M. de Bismarck en choisissant le chef du monde
catholique comme arbitre ? Faciliter une solution ou aplanir une difficulté ? Allons donc !
La diplomatie allemande en a vu bien d'autres
et si, faisant patte de velours, le diplomate
prussien s'est incliné gracieusement devant
Léon XIII, c'est qu'il savait quel profit il en tire-
rait. D'abord, les voix catholiques au Reichstag [2],

---

(1) D'ailleurs, comme dit M. Renan « l'un des meilleurs
principes qui doit préparer la fraternité des peuples est
de ne rien savoir d'hier. » Brachet.

(2) Il y a actuellement 16.300.000 catholiques avec lesquels le gouvernement de Berlin doit compter et que
M. de Bismarck a tenu à s'attacher par tous les moyens
possibles. En même temps (1881) il cherchait à établir en
Allemagne la paix religieuse. Les voix du centre lui étaient
indispensables au Reichstag pour assurer le succès de la
politique de réaction et de monopole. Il y avait longtemps,
du reste, qu'il lui tendait la main. Dès 1876 époque où,
grâce au triomphe du parti républicain en France, *il n'y*

ensuite et surtout l'amitié du gouvernement italien qui a cru écarter un danger en se rapprochant de l'Allemagne.

Ici je suis forcé de faire une digression. J'ai souvent entendu reprocher à la France les pèlerinages français au Vatican et à la fin d'octobre 1888 le général Comte de Waldersée, qui se

---

avait plus à craindre l'étroit accord de cette puissance avec le Saint-Siège, il avait apporté dans la pratique quelques adoucissements aux *lois de mai.* Il avait même fait des avances au Vatican. Mais Pie IX les avait accueillies assez froidement. Ce pape intraitable étant mort (7 février 1878), il fut plus heureux avec son successeur Léon XIII, politique plus fin et plus conciliant, du moins dans la forme. Dès le mois de juillet 1878, il s'abouchait à Kissingen avec le nonce Masello, et à partir de ce moment, les négociations ne furent plus interrompues entre le Chancelier et le Souverain Pontife. En 1881, ni l'un ni l'autre n'avait encore fait aucune concession de principe. Mais la plupart des évêques allemands étaient rétablis sur leurs sièges ; en fait les fameuses lois étaient réduites à bien peu de chose ; et, d'autre part le groupe du centre, qui prenait son mot d'ordre au Vatican commençait *à mieux voter.* M. de Bismarck se prévalait d'autant plus de ses bons procédés à l'égard du clergé catholique, qu'à ce moment la France républicaine entreprenait à son tour son *Kulturkampf* (1879-1881). C'était le temps où elle appliquait des lois si longtemps méconnues aux congrégations non autorisées et où elle inscrivait sur son programme la gratuité et la laïcité de l'enseignement primaire. *Histoire diplomatique de l'Europe.* — Debidour, tome II, page 541.

trouvait alors à Mayence pour y déterminer la nature de certains travaux de fortifications, aurait laissé échapper ces quelques mots dans une conversation avec le Ministre de Bavière près la cour de Berlin.

« Dans la prochaine guerre avec la France, je ne crois pas que l'Allemagne soit soutenue par l'Autriche. Mon séjour en Moravie m'a convaincu de cette vérité. »

« Mais l'Italie, qui craint toujours que la France ne veuille rendre Rome au Pape, fera cause commune avec nous. Une armée de 280,000 hommes ferait une diversion puissante et assurerait le triomphe des armées allemandes. »

Mais il me semble que le pèlerinage de M. de Bismarck est beaucoup plus grave ; pourquoi crier après nous pour quelques milliers de catholiques qui vont à Rome trouver leur Chef spirituel et paraître oublier que le Chef de l'empire d'Allemagne, un protestant, a accepté, aux yeux du monde étonné, l'arbitrage de Léon XIII en état d'hostilité avec l'Italie ? Ce fait a beaucoup plus relevé la papauté que tous les efforts tentés par Napoléon III en faveur du Saint-Siège.

Et sur qui le Pape et ses amis comptent-ils ?

Mais sur l'Allemagne ! [1] et ce n'est un mystère pour personne que l'Allemagne et l'Autriche sont très disposées à faire restituer Rome au Pape, dès que ce souverain pourra leur rendre des services de nature à consolider les dynasties de ces pays.

De sorte que dans cette alliance de l'Allemagne, de l'Autriche et de l'Italie, cette dernière joue un rôle de dupe. On peut tout exiger de l'Italie. Si elle demande quelque chose on ne le lui accordera qu'à ses risques et périls ; elle n'aura donc rien gagné à cette coûteuse alliance. Les rapprochements avec M. de Bismarck se paient cher. La France et la Russie ne le savent que trop. Aussi est-ce en amis sincères et dévoués que nous pouvons dire à l'Italie : « Méfiez-vous ; vous serez sacrifiée par votre alliée d'aujourd'hui à la première occasion, et prenez garde alors d'être trop isolée. »

---

(1) Pie IX en septembre 1870 a écrit au roi de Prusse, Guillaume Ier, de lui envoyer ses troupes pour remplacer les Français de 1870 contre les Italiens qui venaient d'occuper Rome.

CHAPITRE IV

MALENTENDUS FRANCO-ITALIENS CRÉÉS ET EXPLOITÉS PAR L'ALLEMAGNE ET L'ANGLETERRE

Depuis trente ans, bien des malentendus ont été soulevés et habilement exploités entre la France et l'Italie. — Plus nous avançons, plus les faits historiques sont dénaturés par l'Allemagne dont l'influence en Italie est devenue si prépondérante que les moindres incidents prennent la proportion d'un véritable conflit.

L'expédition de 1859 qui aurait dû nous assurer à jamais l'amitié italienne a été au contraire le point de départ de nos dissentiments. L'Allemagne et l'Angleterre, aujourd'hui les alliées de l'Italie, s'opposèrent énergiquement après Solférino à la continuation de l'œuvre de la France. En effet, l'Allemagne d'alors mobilisait plusieurs corps d'armée sur le Rhin pour empêcher la

France d'achever la libération de l'Italie ; cela peut-il être oublié ? Qu'auraient dit les Italiens si en 1866 la France avait massé ses troupes sur le Rhin pour les empêcher de prendre Venise ? Au contraire, c'est grâce à nous que l'Italie et la Prusse ont pu s'allier pour vaincre l'Autriche ; la preuve en est dans la note suivante que M. Nigra, ambassadeur à Paris (lequel nous accablait de ses protestations et de ses promesses pour l'avenir), écrivait à son gouvernement la veille de Sadowa :

« L'aide militaire de la France, *n'est pas désirée en Italie*, mais la lettre de l'Empereur, lue le 2 juin au Corps législatif, nous est favorable, puisqu'elle *montre la ferme volonté de ne pas permettre en cas de revers que l'unité italienne soit détruite.* Si la fortune des armes sourit à la Prusse et à l'Italie, le bénéfice de notre victoire sera d'autant plus grand *que nous l'aurons obtenue sans l'aide des fusils et des canons français. L'Italie ne pourrait assurément souhaiter une plus heureuse fortune que d'obtenir la Vénétie sans l'aide de la France, mais en même temps sans avoir la France contre elle et en ayant toujours sa faveur et son appui moral* » [1].

Malgré leurs défaites de Custozza et de Lissa,

___

(1) *L'Italie qu'on voit et l'Italie qu'on ne voit pas,* par Auguste Brachet.

nous avons donné aux Italiens la Vénétie, que nous avions reçue de l'Autriche ; cela ne saurait s'oublier et il serait plus simple de le reconnaître que de chercher à le nier ou à affirmer que Venise aurait été reprise sans le concours de la France, malgré elle et même contre elle.

Des affirmations de ce genre sont plus que pénibles à entendre, elles se répètent cependant sans cesse en Italie.

C'est avec le plus grand regret que Napoléon III déclara ne pouvoir achever la délivrance de l'Italie, parce qu'il lui aurait fallu combattre en même temps sur le Rhin et en Autriche.

La déception fut grande, il est vrai ; mais nous ne pouvions réellement pas continuer une guerre contre la Prusse et l'Autriche réunies, après les laborieuses victoires de Magenta et de Solférino [1].

Que de fois m'a-t-on répondu en Italie : « Mais,

---

[1] Les impressions et les renseignements qu'un de nos diplomates, M. Bourée, chargé d'une mission en Allemagne, recueillit dans nos différentes légations, furent une des causes déterminantes de la paix de Villafranca. Le rapport qu'il adressa au gouvernement de l'Empereur sur les dispositions de l'opinion publique allemande et sur les armements de la Prusse était si peu rassurant qu'on l'expédia d'urgence à Napoléon III, sur une locomotive qui fit en *neuf heures* le trajet de Paris à Marseille. De Marseille le rapport fut envoyé sur un bateau spécial qui l'attendait sous vapeur (Rothan).

en 1859, la Prusse n'était pas redoutable et la France ne la craignait pas ! » Comment ! en 1866, la Prusse et une partie de la Confédération germanique ont vaincu l'Autriche, et on aurait voulu que la France, après les scabreuses victoires du Milanais, aidée seulement du Piémont de 1859, continuât la guerre contre l'Autriche encore très forte, contre l'Allemagne toute fraîche et quelques jours après, contre l'Angleterre qui manifestait hautement son hostilité ? Ce n'eut pas été sérieux que de vouloir tenter sinon l'impossible, du moins une aventure très grave, qu'une nation n'a pas le droit de risquer. Au surplus, l'Allemagne et l'Angleterre méritent, à mon avis, tous les reproches de l'Italie, puisqu'elles arrêtèrent la France dans le seul but de faire plus tard elles-mêmes ce que nous voulions accomplir alors ! Il me semble qu'en Italie on devrait plutôt sourire de la France qui a fait l'expédition de 1859, sans compensation, contrairement à ce que l'on croit, que de lui garder rancune. Je dis : *sourire,* dans le sens le plus ironique, le plus triste du mot, surtout si l'on raisonne *avec l'intérêt.* La politique de sentiment est la seule excuse de notre gracieux concours en 1859 ; nous voulions former l'unité italienne, qui, il faut l'avouer, a été la cause principale de notre affaiblissement depuis trente ans.

A Villafranca, Napoléon III ému de la situation

de François Joseph se prêta à la consolidation des trônes de ses parents, les ducs de Modène et de Parme et le Grand Duc de Toscane. Pour dédommager l'Italie de ce sacrifice, il renonça spontanément à la cession du comté de Nice et de la Savoie.

L'Angleterre ne trouvait pas alors assez d'éloges pour célébrer le désintéressement de la France. Mais M. de Cavour et les Italiens ne tardèrent pas à jouer les Français en révolutionnant, par leurs agents, les duchés, le royaume de Naples et les Romagnes, afin de pouvoir dire ensuite à la France : « Voyez ! ce n'est pas nous qui demandons l'annexion, mais les populations. Notre gouvernement est donc forcé de céder à leurs vœux ; s'il ne le faisait pas, il sombrerait. »

Réclamer le bénéfice de ce que l'on avait encouragé, c'était trop naïf. Napoléon III le comprit ainsi, car, en matière de conspiration et de duperie, il était assez expérimenté pour ne pas deviner qu'on voulait le jouer. Aussi demanda-t-il de nouveau Nice et la Savoie, non à titre de dédommagement, ni comme prix de son ancienne alliance, mais comme une compensation territoriale rendue nécessaire par l'accroissement et l'appétit inquiétant du Piémont. Qu'on ne vienne plus dire que la France a manqué aux engagements de Plombières ; elle les a tenus d'une manière équitable, elle a donné la Lombardie à l'Italie en abandonnant Nice et la Savoie ; elle n'a réclamé ces deux contrées qu'en présence de la duplicité du Piémont, lequel ne nous les a cédées que pour se garantir les acquisitions qu'il avait déjà faites, et pour assurer les nouvelles conquêtes qu'il préparait. Le grief principal, si bien exploité en Italie contre la France, est de dire : « Vous nous aviez promis notre liberté entière des Alpes à l'Adriatique, vous ne l'avez fait qu'à moitié ; donc nous ne vous devons rien. Au contraire nous pourrions vous détester bien plus que les Prussiens qui vous ont empêché d'accomplir votre promesse. » Ce raisonnement eut été des plus faux alors même que le Piémont n'aurait pas reçu de nos mains la Lombardie, comme il l'a reçue après le traité de Villafranca. Notre intention était loyale et sans les Allemands nous aurions complété l'œuvre de libération. Mais il faut bien préciser : le Piémont, à la suite de notre alliance et de la guerre de 1859, a gagné la Lombardie, une des plus riches provinces italiennes, et nous Français, nous n'avons rien gagné, absolument rien, que la gloire de nos soldats morts en héros pour l'indépendance de l'Italie. Ceci c'est de l'histoire [1].

---

(1) Voir Rothan, *Politique française de* 1866, page 93 et l'*Histoire diplomatique de l'Europe depuis l'ouverture du*

Enfin, la meilleure preuve du mobile qui faisait céder Nice et la Savoie à la France, c'est la grave parole prononcée par Cavour en signant le traité de cession. Voici comment M. d'Ideville raconte l'incident :

« Après la lecture du traité et du mémorandum, le comte de Cavour prit la plume et signa les deux instruments d'une main assurée. Aussitôt après, sa physionomie se rasséréna et son

---

Congrès de Vienne en 1814 *jusqu'à la clôture du Congrès de Berlin en* 1878, de M. Debidour, tome II, pages 201 à 207. Puisque je suis appelé à parler de M. Debidour, je suis heureux de dire combien j'admire son « Histoire diplomatique. » Suivant moi c'est une sorte de monument sur la matière et il serait à souhaiter que tous nos diplomates et nos consuls en possédassent entièrement l'esprit et la lettre. M. Debidour a su tenir constamment en scène les différentes puissances sans que le lecteur perde un instant la suite de la politique, de manière qu'avant chaque événement on pressent la conclusion, chacun des adversaires ayant été habilement dessiné. — Aucune direction politique n'a échappé à M. Debidour. Celle qui appartient à chacune des cinq grandes puissances apparaît distincte à la fin des deux volumes ; celle de la Russie avec sa constance terrible, celle de l'Angleterre avec la même constance augmentée d'une haine farouche, celle de la Prusse avec non moins de constance et de haine augmentée d'une ambition insatiable, celle de l'Autriche animée des mêmes sentiments que ses trois alliées, avec cette circonstance aggravante que sa politique était guidée par l'idée dominante du droit divin contre la liberté naissante ; enfin,

sourire habituel revint sur ses lèvres. Il s'approcha de M. de Talleyrand en se frottant les mains, par un geste qui lui était familier : *Maintenant nous sommes complices, n'est-il pas vrai, baron ?* lui glissa-t-il à l'oreille. Ces mots qui avaient une haute signification, expliquaient toute la conduite du comte. N'était-ce pas, en effet, en

---

celle de la France qui, chauvinisme à part, était relativement la plus pondérée et la plus loyale. Après avoir lu M. Debidour, chacune de ces politiques apparait très-clairement, ai-je dit ; on les suit à travers les temps, malgré les transformations imposées par les hommes et par les évènements ; nulle part je n'avais rencontré une pareille manière d'écrire. A mon avis, c'est plus qu'un livre, c'est une méthode que nos diplomates devraient suivre religieusement pour la sécurité et la grandeur de la France. — Si les représentants d'un pays comme le nôtre arrivaient dans le milieu social où leur action doit s'exercer, toujours bien pénétrés de la politique séculaire suivie par la France (bonne ou mauvaise) de celle adoptée par le pays où ils sont accrédités, ils ne s'exposeraient pas à commettre les fautes que nous avons payées si cher. Je leur souhaite à tous de savoir discerner et classer les politiques qu'ils sont chargés de combattre ou de diriger, suivant la méthode de M. Debidour : dégager ces politiques des hommes, des intérêts et des milieux pour les voir nettement au-dessus de ces trois éléments. — En résumé, j'estime que nous devons être fiers d'avoir un historien tel que M. Debidour. Dans le cours de mon travail, je ferai de nombreux emprunts comme texte et comme idée à son remarquable ouvrage.

présentant au parlement comme une large compensation du sacrifice accompli, la complicité de la France dans les futures annexions, qu'il pouvait compter sur l'approbation des députés et sur la ratification du traité ? »

Ce n'est pas tout, M. de Cavour s'est chargé, en pleine chambre piémontaise, d'expliquer les raisons qui lui faisaient rendre Nice et la Savoie à la France et dans les termes les plus clairs comme on peut en juger : « *En cédant Nice et la Savoie à la France, disait-il, nous accomplirons un acte de courageuse et haute politique ; nous ferons partager à la France la responsabilité des annexions des duchés et de la Lombardie ; nous l'engagerons en quelque sorte comme complice de nos agrandissements présents et futurs.* »

Ainsi donc, la reconnaissance entière de l'Italie devrait nous être acquise. Son véritable soutien, le plus sincère, a été la France ; sans elle son unité n'existerait pas aujourd'hui ; il est impossible d'affirmer le contraire. Quant à l'attitude de l'Allemagne et à l'intérêt de l'Autriche, ce sont des faits historiques qu'on ne saurait nier.

La France voulait sincèrement, par amitié, l'unité de l'Italie ; l'Allemagne l'a empêchée ou encouragée, suivant ses intérêts. Que l'Italie continue à traiter la France en ennemie, c'est continuer à commettre la plus grande immoralité de ce siècle, c'est corrompre la conscience de ses peuples, c'est dire à ses enfants : « Lorsque votre voisin possèdera des biens qui vous conviendront prenez-lez par la ruse, au besoin par la force, si vous le pouvez ; et si vous êtes faibles, faites-vous aider par un second voisin, suffisamment naïf qui fera ainsi votre fortune ; puis, plus tard, dévalisez le voisin qui vous aura aidé ; vous serez ainsi trois fois plus riche, vous aurez les dépouilles de votre premier adversaire et de votre premier allié. » La conduite de l'Italie pourrait être résumée dans ce vulgaire exemple pour l'enseignement des devoirs sociaux à ses nationaux. Mais qu'elle y prenne garde : la politique immorale d'un gouvernement a pour conséquence nécessaire la corruption de la nation.

César a conquis les Gaules de cette manière. Il se servait d'une province pour en asservir une autre ; puis sans aucun scrupule, asservissait son alliée. Les Italiens gouvernementaux d'aujourd'hui n'ont pas d'autre méthode ; maintenant qu'ils ont leur unité, ils aimeraient bien asservir la France ou l'Autriche ; mais c'est là un jeu fort dangereux. L'immoralité est contagieuse et César a beaucoup d'imitateurs ; les Allemands comme les Anglais ont les mêmes principes et ils les mettent en pratique. Les Italiens qui ne s'en doutent point, j'aime à le croire, les aident à combattre la France. Qu'ils y prennent garde ! Comme les alliés du César romain, ils pourront devenir les victimes du César allemand.

Pour quelques personnes ceci peut paraître du sentiment, pour d'autres, ce sera, j'ose l'espérer, l'intérêt et le sentiment réunis.

J'arrive à un des plus sérieux et des plus fâcheux malentendus de ces derniers temps, enfin, à la *question tunisienne*.

Si cette question a divisé l'Italie et la France, c'est qu'elle a été démesurément grossie et indignement exploitée contre nous par ceux qui ne cessent de répéter que l'Italie doit être l'Angleterre de la Méditerranée, et que les anciennes possessions de Rome lui appartiennent.

Si on relit la correspondance officielle de Rothan, notre ministre à Florence, au commencement de 1871, on y voit qu'une escadre italienne avait été armée à destination de Tunis. M. Visconti Venosta voulait à cette époque conquérir la Régence. La facile conquête de Rome l'avait mis en appétit, notre affaissement l'encourageait et il pensait qu'un pareil début sur la terre d'Afrique serait on ne peut plus brillant pour la réputation du drapeau italien ; de plus l'Allemagne croyait avec raison que l'Italie, maîtresse de Tunis, pourrait toujours, sur un signe de Berlin, fomenter de tels troubles dans les tribus arabes, que plusieurs corps d'armée sur le pied de guerre nous seraient nécessaires pour assurer le maintien de notre autorité dans nos possessions du nord de l'Afrique. Mais il faut bien le dire, si l'escadre italienne ne partit pas pour la Goulette, c'est que le gouvernement italien dût s'arrêter devant l'extrême froideur des puissances européennes et devant les protestations de la Turquie, de l'Angleterre et surtout de la France qui ne devait pas, en bonne politique, permettre au nord-est de l'Algérie l'établissement d'une puissance rivale aussi importante que l'Italie.

Je viens d'exposer cette tentative de conquête de la Tunisie par l'Italie, suspendue le 30 mars 1871 par des circonstances indépendantes de sa volonté. Ce n'est donc pas la France qui a eu la première l'idée de cette conquête et M. le comte Corti, ambassadeur d'Italie à Constantinople, se trompait étrangement lorsqu'il affirmait, en 1881, quelques semaines après le traité du Bardo, que nous autres Français, nous ne savions pas résister aux dangereuses tentations et que nous nous étions emparés de la Tunisie en mauvais camarades, ajoutant : « Quand je siégeais au Congrès de Berlin, M. de Bismarck vint rôder autour de moi et me déclara à maintes reprises que si nous voulions la Tunisie, nous ne devions pas nous gêner. Mais l'Italie était attentive à ne pas blesser la France, elle fit la sourde oreille ; que ne l'a-t-on pas imitée ? Voilà maintenant entre les deux pays une pomme de discorde et

une cause de profonde amertume ». Il est extraordinaire qu'un ambassadeur *oublie* en dix ans
l'escadre que son pays avait préparée à la
Spezzia, en mars 1871, pour s'emparer de Tunis.

Il me paraît difficile de discuter sérieusement
l'absolue nécessité de notre protectorat sur la
Tunisie ; pour garantir l'Algérie, nous ne pouvions y laisser subsister des troubles continuels et
il ne nous était pas possible de permettre qu'aucune autre puissance s'établisse dans la Régence,
refuge de tous les agitateurs algériens.

L'Italie est certainement la puissance la mieux
traitée à Tunis. Ses consuls, son commerce, ses
écoles y ont une liberté, une indépendance complètes. Beaucoup de fonctionnaires du Bey sont
italiens et si nous y avons les honneurs, les italiens y récoltent les profits. Cette affaire de Tunis
a servi de prétexte pour justifier l'entrée de l'Italie dans la Triple Alliance. C'est une légende, et
c'est un italien qui s'est chargé de la détruire,
qu'on en juge par l'extrait suivant du *Matin*
(11 février 1891).

« Le principal argument des Italiens pour justifier leur entrée dans la Triple Alliance a toujours été, on le sait, notre conquête de la Tunisie en 1881. »

« La récente publication de la correspondance
de M. Castelli, confident du roi Victor-Emmanuel,
et ami intime de M. Minghetti, chef du cabinet

italien en 1873, arrive heureusement et à point pour détruire cette pauvre légende. Il faudra désormais que nos voisins trouvent une autre explication de leur volte-face à notre égard. »

« En effet, dès le 25 août de cette année 1873, dans une lettre datée de Livourne, M. Minghetti, après avoir mis son complice Castelli en garde contre les répugnances du roi Victor-Emmanuel à se rapprocher de l'Allemagne, sentiment qui honore notre ancien allié, M. Minghetti, disons-nous, adjure son correspondant de faire revenir le roi de ses préventions contre l'alliance austro-prussienne, d'abord pour détruire la défiance qu'avait provoquée en Allemagne, l'attitude de l'Italie en 1870, et ensuite parce que « l'opinion publique » exige cet acte d'ingratitude à l'égard de la France. »

« M. Lanza, successeur de M. Minghetti, vint à la rescousse de ce dernier, de sorte que l'infortuné Victor-Emmanuel que l'on félicite de son constitutionnalisme, dut « contre son propre désir » se mettre en route pour Vienne le 21 septembre suivant. »

« Il n'est pas plus question dans toute cette affaire, des visées de la France sur la Tunisie, que du Grand Turc ou du Tonkin. C'est *proprio motu* et sans que nous y ayons fourni l'ombre d'un prétexte que MM. Minghetti et Lanza incitèrent leur souverain à aller présenter ses hommages aux empereurs François-Joseph et Guillaume qu'un pareil acte de platitude laissa « interdits » pour employer les propres termes de M. Castelli. Certes, il y avait de quoi. »

« Voilà donc un point d'histoire complètement élucidé, à l'aide de documents que les Italiens eux-mêmes veulent bien nous fournir. Il reste acquis pour l'édification des deux peuples, que l'établissement de notre protectorat en Tunisie, n'a été qu'une réponse de la France aux menées des politiciens de la future Triple Alliance. »

« La seule excuse admissible de la démarche du roi galant homme est que Bismarck lui aurait persuadé que « les Français étaient capables de toutes les folies ; qu'on aurait la guerre au printemps, sinon plus tôt (textuel). »

« Et dire que c'est sur une pareille bourde, sur une donnée aussi enfantine, que les Italiens, ont rompu avec nous leurs bonnes relations d'autrefois ! N'est-ce pas encore plus comique que triste ! »

Je n'ai rien à ajouter à ce remarquable article, car il clôture, à mon avis, la discussion sur l'affaire de Tunis.

Le dernier grief actuel est la question du traité de commerce ; ici il suffit de citer les faits.

Le traité de commerce a été dénoncé par l'Italie et les tarifs différentiels ont été établis par elle.

C'était à l'époque où M. Crispi, de si triste mémoire, adressait à nos Ministres des affaires étrangères des notes si peu convenables et nous cherchait de véritables *querelles d'allemand*. L'Europe étonnée lisait, non sans pitié, les étranges rodomontades de ce peu gracieux ministre.

De tous ces prétendus griefs il ne reste rien que de très avantageux pour la France, et par suite pour l'union et la fraternité des deux nations.

CHAPITRE V

POLITIQUE GOUVERNEMENTALE DE L'ITALIE
SENTIMENTS DU PEUPLE ITALIEN

En résumé, il existe actuellement une divergence absolue entre les sphères gouvernementales de l'Italie et les sentiments de son peuple; aussi je comprends très bien les difficultés que doit éprouver le roi Humbert, le tact qui lui est indispensable pour tenir l'équilibre entre son peuple et certains milieux avec lesquels il est obligé de compter. Des faits récents permettent d'espérer que le fils de Victor-Emmanuel saura être à la hauteur des graves événements qui se préparent en Europe et je crois que tout en continuant une politique d'amitié et d'union avec toutes les puissances européennes (suivant le discours de M. Crispi, à Florence, en novembre 1890) il se rapprochera et s'unira avec toutes les nations sœurs qui ne lui rappellent que de bons souvenirs [1]. Son premier ministre n'écrivait-il pas en septembre 1887 à M. Castelar : « *Mon frère latin ?* » Quitte à passer pour facile à satisfaire, je me permets d'affirmer qu'un mot comme celui-là détruit quinze jours d'entretien avec M. de Bismarck. Ce titre de *frère latin* amoindrit quelque peu l'affirmation audacieuse du colonel d'Etat-Major Marselli [2] qui traite de *niaise sentimentalité* l'alliance des races latines.

Mais si cependant le roi Humbert persiste dans ses agissements actuels ; si la reine Marguerite, comme autrefois l'impératrice Eugènie (pour Rome), continue à faire prédominer sa politique allemande, la maison de Savoie, risque sa couronne et plus tôt qu'elle ne le pense. Son peuple est las, fatigué des trop lourdes charges imposées par un armement formidable, absolument hors de proportion avec les ressources du pays, et son trône chancelant pourrait s'effondrer de lui-même.

La politique actuelle de l'Italie n'est ni parlementaire, ni nationale. Dirigée absolument par Humbert Ier, elle n'est inspirée que par le seul désir de sauvegarder ses intérêts dynastiques et

---

(1) Holtzendorff. *Principes de la politique.*

(2) Ancien professeur d'histoire à l'Ecole supérieure de guerre d'Italie, aujourd'hui général et député.

d'inscrire la monarchie italienne parmi les puissances attachées aux vieux principes [1]. La maison de Savoie ne fait que suivre les anciens préceptes traditionnels auxquels elle a constamment subordonné sa conduite ; être autant que possible du côté du plus fort et faire oublier son origine révolutionnaire en entrant dans la ligue des puissances conservatrices. Le roi Humbert n'aime pas à entendre parler de l'union des peuples latins, ni des dangers que court l'Italie en se détachant de ses alliances naturelles ; tout cela n'est rien, suivant lui, à côté de la nécessité suprême d'étayer le trône sur lequel il est assis. L'amitié de l'Autriche lui est d'autant plus avantageuse qu'elle lui fournit un excellent prétexte pour suivre à l'intérieur une politique restrictive des libertés publiques. Et cependant les souvenirs d'une domination cruelle, sanglante, la diversité des institutions, les dissemblances ethnographiques, tout plaide contre cette coalition monstrueuse à laquelle le roi Humbert n'a

---

(1) Sans qu'il s'en doute Humbert Ier a succédé à la Russie dans la Triple Alliance, attiré par le même principe : *Servir à réfréner la République.* Argument favori de l'Angleterre pour ameuter les puissances continentales contre la France. *La perfide Albion* se moque bien cependant des trônes de l'Europe ; elle les compromet, sans hésitation, lorsque son intérêt l'exige : témoin le Portugal.

donné son adhésion que dans l'espoir de sauver sa couronne. Mais ses agissements ont fini par le mettre en désaccord avec le sentiment public qui souhaiterait une orientation plus appropriée aux traditions, aux besoins du pays [1].

Il ne peut demander à l'Italie de se sacrifier ni pour sa dynastie, ni pour la conservation ou l'agrandissement de l'Allemagne et de l'Autriche. L'Italie est au-dessus de ses princes, et devant la responsabilité morale qu'ils augmentent sans cesse, elle le leur prouvera certainement un jour.

Pour en finir en ma qualité de simple citoyen français, je rappellerai, au fils de Victor-Emmanuel, une phrase célèbre, qu'il a dû lire lorsqu'il était prince royal ; elle émane aussi d'un simple citoyen, bon français, un publiciste qui l'a écrite au lendemain de la mort de Cavour. Elle est admirable. Elle peint bien le caractère généreux de la France. La voici dans toute sa beauté : « *Si aujourd'hui il y a en Italie un grand homme de moins, il y a, Dieu merci ! un grand peuple de plus.* »

---

(1) Voir « *Italie contemporaine* » par Méreu, pages 136 et 138.

CHAPITRE VI

GARANTIE ET SURETÉ DE LA SINCÈRE AMITIÉ DE LA FRANCE

La Révolution française, en proclamant les droits de l'homme, en reniant le passé, en détruisant les principes absolus, en déclarant les peuples frères, a fait venir franchement à nous les Italiens clairvoyants, ravis qu'ils étaient de la lumière des sentiments humanitaires exprimés par nos penseurs. Ils ont compris qu'une France jusqu'alors inconnue, une France nouvelle ayant fait justice du passé, brisant ses entraves pour se jeter vers l'avenir, venait de surgir. Dès ce jour ils ont été avec nous.

La Révolution française conquérant la liberté et affirmant les droits moraux et matériels de l'homme, les a tous séduits.

La proclamation de notre troisième République nous a acquis définitivement les sympathies de cette partie intelligente et noble de l'Italie qui forme sa démocratie. Elle a vu une nouvelle lueur de liberté resplendir à l'horizon et aussitôt elle s'est tournée vers nous ; elle nous a salués de nouveau comme des libérateurs. Toute la partie intelligente de la nation italienne, dis-je, suit à cette heure les événements qui se déroulent en France. Les moindres détails de notre vie politique et sociale sont soigneusement étudiés par elle, entrevoyant dans l'avenir, les deux peuples unis dans une même pensée : l'affranchissement de la race latine et de l'Europe.

Voilà, à vrai dire, le sentiment des Italiens à notre égard. Il est certain que dans le monde diplomatique, dans les sphères officielles de l'Italie, on ne l'entend pas ainsi. On y travaille constamment à égarer l'opinion publique ; les élections du 23 novembre 1890, en sont sinon les preuves, du moins une des conséquences, car il faut noter que le suffrage universel n'y existe pas, mais bien le suffrage censitaire.

CHAPITRE VII

—

DANGERS DES PROMESSES ET DE L'AMITIÉ
DES ALLEMANDS

—

Le roi Humbert a de vastes projets qui lui ont
été habilement suggérés par l'Allemagne. Il rêve
de nouvelles conquêtes, de nouveaux agrandissements. Pour cela il a fait plus que de se rapprocher de l'Allemagne et de l'Autriche : il est devenu leur fidèle allié. Qu'il me soit permis
de lui dire que, comme chef d'une nation
dont je prêche l'amitié et l'alliance, il n'est pas
dans le vrai. J'aime mieux croire à ceux qui,
comme le sénateur Tullo Massarani, profitent de
chaque occasion pour recommander l'union avec
la France et ont le courage d'écrire à leurs amis,
de les exciter à persévérer dans leur lutte pour
l'union latine ; aussi reçoivent-ils de belles répon-

ses comme celle d'Ernest Renan, à ce sénateur italien. La voici :

« Je viens de recevoir vos belles pages pleines d'un si noble et si haut sentiment, elles répondent entièrement à ma propre opinion. La rupture entre la France et l'Italie serait le dernier des malheurs, pour moi je n'y crois pas, je n'y puis croire, je me dis sans cesse : Non, c'est trop horrible, cela n'arrivera pas. Ces divisions sont entretenues par les politiciens et les marchands, je ne puis croire qu'il dépende de haines basses et intéressées de brouiller ensemble deux grandes nations qui s'estiment et qui s'aiment. Vous avez fait une bonne action. »

« Mon cher Massarani, comme il est à désirer que tous les hommes qui aiment le bien s'unissent pour prévenir, autant qu'il est en eux, l'affreux malheur d'une lutte nationale fratricide, croyez que je ferai tout ce qui dépendra de moi pour répandre vos excellents écrits et pour montrer que nous avons de l'autre côté des monts des amis ardents, éclairés, sincères. Dites bien à vos amis que rien ne serait plus faux que de juger l'opinion réelle par le langage étourdi de quelques journaux. Continuez de nous défendre et de soutenir la bonne cause que vous avez prise en mains. »

J'aime mieux croire à ces hommes d'honneur, parmi lesquels je citerai les députés Cavalotti,

Mazzoleni, Angelo Pantano, Ettore Ferrari,
Bovio et tant d'autres d'une si grande valeur.

Lors du congrès de Turin, pour l'union des
races latines, ils n'ont pas hésité, par leurs paroles, leurs protestations les plus solennelles, leurs
écrits même, à défendre cette noble idée d'union
et empêcher de rendre l'Italie responsable de
certains hommes d'Etat qui ne savent prendre
leur mot d'ordre qu'à Berlin [1].

---

(1) Dans le même esprit, je crois bon de citer l'admirable lettre suivante qui résume, si éloquemment, mes
idées. Elle émane d'un savant, d'un homme politique dont
l'autorité est grande :   « Mon cher Député et ami. — Vous
me demandez mon adhésion au projet d'élever une statue à
Garibaldi. J'y adhère de tout mon cœur. Garibaldi était un
bon républicain et un apôtre de l'humanité. Il était de ces
italiens fidèles aux grands principes, qui nous ont combattus
quand nous étions cléricaux et ennemis de la République
romaine, et qui nous ont aimés et soutenus quand nous
sommes revenus à la vraie tradition de la Révolution française. — Il est venu à notre secours dans le malheur. Raré
exemple et digne de tout notre souvenir ».

« Nous sommes toujours les alliés du vainqueur : Per le
più potente ; telle était jadis, dit-on, la devise des rois de
Naples et des petits souverains de l'ancienne Italie. Garibaldi
a fait le contraire. Il a soutenu le vaincu ».

« Ce que rêvait Garibaldi, c'était l'union des races latines,
c'était l'union des peuples civilisés de notre continent dans
les Etats-Unis européens. C'est aussi le rêve de l'avenir,
c'est le nôtre, et voilà pourquoi je m'associe complètement
à votre œuvre ». — A. Berthelot. Sénateur, ancien ministre de l'Intruction publique.

L'Italie alliée d'une des deux puissances allemandes avant le 21 septembre 1870, et avec l'assentiment de la France, rien de plus naturel ; mais, depuis, tout s'oppose à cette union : la tradition, le cœur des Italiens, l'affermissement, la prospérité future de l'unité italienne.

Que peut donc gagner l'Italie à l'agrandissement, à la puissance progressive de l'Allemagne et de l'Autriche ?

Mais rien !

Que peut-elle perdre ?

Tout, et premièrement ce qui lui a coûté si cher à obtenir. Qu'elle se brouille demain avec ses amis d'aujourd'hui dont elle aura fait la force ; se gêneront-ils pour reprendre ce que nous avons contribué à lui faire donner : la Lombardie et la Vénétie ? Oh non ! on dira que j'exagère dans l'intérêt de ma thèse ; cependant, tout est possible et nous avons bien vu d'autres spoliations qui ont été acceptées. Il est vrai qu'à cet argument le colonel Marselli répond : « A ceux qui diront que l'Allemagne arrivant un jour jusqu'aux Alpes, gardera le Tyrol pour elle-même et occupera Trieste, faisant ainsi de l'Adriatique un lac allemand, je répondrai que la concurrence maritime de l'Allemagne ne doit point effrayer une nation comme l'Italie, que ses destinées appellent un jour à être l'*Angleterre du Midi*[1]. »

---

(1) *L'Italie qu'on voit et l'Italie qu'on ne voit pas.* Brachet, page 62.

C'est là un bien regrettable langage et qui revient à dire, le jour où l'Allemagne voudra faire de l'Adriatique un lac allemand : *Nous sommes là pour l'arrêter*. Je conviens que ce brave colonel a une grande confiance dans la valeur des siens, mais qu'il permette à l'Europe de douter, qu'une fois la triomphante Allemagne sur l'Adriatique, l'Italie l'en déloge facilement sans le secours d'aucune autre nation. A mon avis, il se trompe fort. Si cette malheureuse circonstance se produisait, il serait bien vite forcé de reconnaître que l'alliée naturelle ne serait pas l'Autriche, mais la France.

Cette idée de l'Italie, *Angleterre de la Méditerranée*, est encore le résultat d'une de ces perfides insinuations de M. de Bismarck, pareilles à celles qu'il faisait à Napoléon III la veille de Sadowa, quand il lui disait : « Mais prenez donc la Belgique ! Nous n'avons jamais compris que vous ne l'ayez pas encore. »

En 1867, M. de Bismarck écrivait : « L'Italie et la France ne peuvent s'associer pour leur avantage commun dans la Méditerranée. *Cette mer est un héritage impossible à diviser entre parents.* »

« L'empire de la Méditerranée *appartient incontestablement à l'Italie*, qui possède dans cette mer des côtes deux fois plus étendues que la France. Marseille et Toulon ne peuvent entrer en comparaison avec Gênes, Livourne, Naples, Palerme, Ancône, Venise et Trieste. »

« L'empire de la Méditerranée doit être la pensée constante de l'Italie, l'objectif de ses ministres, la pensée fondamentale de son gouvernement [1]. »

Quel habile politique que M. de Bismarck et comme il savait bien que tout flatteur vit aux dépens de celui qui l'écoute ! Insinuer à l'Italie qu'elle doit être la *Prusse des nations latines* et l'*Angleterre de la Méditerranée*, c'est évidemment très adroit ; mais la pléïade d'hommes politiques qui sera chargée de diriger le gouvernement italien après la chute de la maison de Savoie est composée d'hommes sérieux, d'hommes sages, à l'esprit profond ; ils savent que les Allemands brisent leurs amis et ne les excitent à l'ambition que pour mieux les perdre. Aussi, lorsqu'ils auront le pouvoir, répondront-ils que la Méditerranée doit être un lac européen et non un lac anglais, ou français, ou italien, ou allemand, etc.

D'ailleurs, on devrait savoir à Rome, comme on le sait à Paris depuis longtemps, que le principe de la politique allemande est celui de Frédéric II : « *Si nous gagnons à être honnêtes, soyons-le ; s'il faut duper, soyons fourbes.* »

Cette maison de commerce militaire qui s'ap-

---

(1) Brachet, page 150.

pelle l'Allemagne, veut et doit faire des affaires
quelles qu'elles soient, peu lui importe ! et le
roi d'Italie, croyant travailler pour le bien de la
nation, peut se réveiller un jour en face d'une
situation terrible, où lui, les siens et tout le
passé de sa maison sombreront, entraînant dans
leur chute cette belle Italie d'aujourd'hui. Et si
je continue ce pénible rêve, quelle sera encore
l'amie des mauvais jours qui viendra s'interposer
et dire : Halte-là ! au vautour du nord, si ce
n'est la France, comme je le disais plus haut ?

Mais la France républicaine ne répondra qu'à
l'Italie républicaine et à cette heure solennelle
pour notre nation-sœur, c'est à un gouvernement
républicain que seront confiées ses destinées. Ce
gouvernement est tout prêt, et le jour où le roi
Humbert, comme Charles-Albert, partira pour
l'exil, les hommes d'Etat républicains ne man-
queront pas en Italie pour les grandes charges
du Pouvoir, tous ceux que nous connaissons sont
dignes de les remplir.

Et, enfin, ne sommes-nous pas arrivés à l'époque où, suivant Holtzendorff : « L'on doive substituer dans la politique étrangère les principes
moraux aux intérêts égoïstes et à l'hostilité
cachée. »

« Le droit des gens qui n'était, il y a deux
cents ans, qu'une science abstraite, tend à devenir une puissance morale. Après qu'on a fait,

pendant des siècles, l'expérience des résultats de la politique égoïste, les idées morales des peuples sont nées de l'expérience et se sont fortifiées au spectacle des maux engendrés par *l'égoïsme immoral* [1]. »

Monsieur Crispi parle toujours, pour s'excuser de ses alliances, des intérêts de l'Italie. D'autre part, le colonel d'état-major Marselli écrit dans son livre sur la guerre franco-allemande : « Si l'on nous dit que nous devrions plutôt nous allier à la France, qui est comme nous une nation latine, je réponds : *Soyons avant tout Italiens et n'ayons souci que des intérêts de notre pays. Je n'admets pas plus l'alliance fondée sur la reconnaissance* ou sur la sympathie que la guerre fondée sur la rancune. — Les alliances comme les guerres ne doivent être basées que sur *l'intérêt* [2]. »

En réponse, je me permets de leur rappeler un mot de Prosper Mérimée dans ses lettres à Panizzi, à propos de l'Angleterre : « Quand on affiche trop publiquement la politique des intérêts, on oblige tout le monde à regarder au sien. »

---

(1) Holtzendorff.

(2) Extrait de l'*Italie qu'on voit et l'Italie qu'on ne voit pas*, par Brachet.

CHAPITRE VIII

DÉLOYAUTÉ GERMANIQUE, LOYAUTÉ LATINE

Quand en 1860 la France acceptait la Savoie et Nice et permettait ainsi au Piémont de s'annexer les duchés, le royaume de Naples et de Sicile et tant d'autres provinces, il fut stipulé que Nice et la Savoie seraient consultés par voie plébiscitaire.

Le plébiscite eut lieu, et à l'unanimité [1] ces pays déclarèrent accepter leur rétrocession à la France. Cet acte prouve la loyauté des latins, et leur respect absolu du « droit des gens ». Les

---

[1] Voici le résultat du plébiscite du 14 avril 1860, à Nice, pour la rétrocession à la France :

Électeurs inscrits : 7.500 ; votants : 6.848. Résultats du scrutin : 6.810 oui ; 11 non ; 27 bulletins nuls.

uns ne voulaient pas donner et les autres recevoir sans que les citoyens qui allaient changer
de patrie fussent librement consultés.

Dans le même ordre d'idées, je pourrais citer
l'attitude des plénipotentiaires français au congrès de Berlin en 1878, grâce à laquelle tous les
sujets des Etats danubiens, de la Bulgarie et
même des provinces turques furent admis à une
parfaite égalité civile sans distinction de culte,
comme dit M. Debidour : « *Les Français s'hono-
rèrent en soutenant ce principe de justice trop
longtemps méconnu.* »

En 1864, la Prusse s'emparait du Schlewig ;
mais au traité de Prague, il fut convenu par un
article spécial que les populations seraient appelées à voter si elles préféraient rester avec le
Danemarck ou être annexées à l'Allemagne.
Cependant la Prusse ne les consulta jamais, malgré leurs réclamations et celles de l'Autriche. En
1878, cette dernière puissance consentit à l'abro-
gation de cette clause de la Convention pour
gagner ses galons dans la Triple Alliance. Le
Schlewig est toujours détenu par l'Allemagne [1],
comme sont détenues les provinces d'Alsace-Lorraine, et chaque fois que ces malheureux pays
ont pu faire connaître librement leur opinion,

---

(1) Voir *Histoire diplomatique* de M. Debidour, tome II,
page 537.

ils n'ont cessé d'envoyer des députés protesta-
taires au Reichstag, mais toujours sans résultat.
Conclusion : *déloyauté germanique* ou mépris
absolu du « droit des gens. »

Comment donc l'Italie resterait-elle l'alliée
d'un pareil monde, quand elle-même faisait voter
les duchés et la Vénétie avant de se les annexer ?
Les latins ne font plus rien sans consulter les
sentiments des populations. Ils ne peuvent être
les alliés des Anglo-Saxons qui ne cessent de
prendre peuples et territoires sans autre préoccupation que les intérêts personnels de quelques-uns de leurs dirigeants.

CHAPITRE IX.

UNION DE L'ITALIE ET DE LA FRANCE
PAR LEURS DÉMOCRATIES

Comme je le disais au commencement de ce livre, la nécessité du groupement des peuples latins s'impose plus que jamais, surtout si l'on songe à la mission qui leur incombe, au bien qu'ils peuvent faire à l'humanité entière. C'est ce que les grands écrivains contemporains de toute l'Italie et de la France ont compris : ils ont eu et ils ont encore une invincible croyance en la fraternité des peuples [1]. Qu'on lise leurs strophes sublimes, leurs chaleureux appels à la fraternité et l'on reconnaîtra que l'œuvre que nous préconisons de toutes nos forces doit infailliblement s'accomplir.

---

(1) Brachet.

Combien les idées de la partie intelligente de cette nation-sœur sont identiques aux nôtres ! Aussi avec quelle joie sont-elles accueillies par la jeunesse des écoles, par les jeunes gens de cœur, par les âmes généreuses, par l'élite de la nation italienne.

Le parti démocratique dans la Péninsule prend tous les jours de plus vastes proportions. Les villes-mères comme Milan, Gênes, Turin, Florence, etc., sont des points d'irradiation. C'est à la population généreuse de ces grandes villes qu'incombe la mission de démocratiser le reste de l'Italie et il m'est avis qu'elles compléteront leur tâche, ou pour mieux dire leur travail, à brève échéance. Les signes précurseurs de l'ère nouvelle commencent à se manifester partout ; les idées libérales s'infiltrent principalement dans les fortes populations de la Romagne. Les chefs du parti démocratique, malgré les corruptions, les menaces, les poursuites incessantes dont ils sont l'objet, continuent leur œuvre d'émancipation et de liberté, en vrais libérateurs de la nation italienne. Sous peu, il faut l'espérer, une énergique poussée de nos frères de la Péninsule aménera le triomphe de la Lumière et du Progrès. Ce jour-là l'union sera faite, la France et l'Italie auront une vie commune. Elles abandonneront à jamais les vieilles traditions du passé. Libres d'elles-mêmes, de leur avenir, elles entreront résolument dans la voie des réformes et des améliorations. Elles auront enfin l'autorité qui leur est due, parce qu'elles seront unies, et si elles sont alors attaquées, elles combattront jusqu'à leur dernier souffle pour leurs idées, pour leur intégralité, pour leur liberté.

Qu'auraient-elles à craindre? Qui oserait entraver leur marche en avant ?

Que ne peuvent des peuples libres alors qu'ils luttent contre des armées mercenaires, conduites par des rois ? Les phalanges héroïques de notre première République ne sont-elles pas là pour prouver surabondamment qu'on est invincible, quand on représente dans le monde l'idée d'avenir, quand on a devant les yeux la vision éblouissante de l'humanité émancipée ?

Oh oui ! voilà pourquoi je préconise l'union intime de la France, de l'Italie, de l'Espagne, du Portugal et de la Grèce ; ce sont du reste les seules nations qui puissent pour le moment se fondre ensemble ; les autres en sont empêchées parce qu'elles sont encore par trop soumises au régime monarchique et, qu'en outre, l'esprit vivificateur, l'esprit démocratique n'a pas encore pénétré dans les foules ; elles croient encore que le sabre est la dernière expression de la puissance, de la vitalité d'une nation. Que ces peuples se disent ceci : Tant qu'on acclamera des vainqueurs, il y aura des vaincus ; tant que des hurrahs surgiront de quelques poitrines pour acclamer un conquérant, il y aura des esclaves qui gémiront. Enfin, comme disait Volney : « Les nations ne sont pas créées pour la gloire des rois, les trophées de leur victoire ne sont que de sanglants fardeaux pour les peuples. »

J'ose espérer que l'on excusera cet enthousiasme ; il console des moments pénibles, de ces moments où les plus convaincus hochent la tête, où les moins sceptiques ont des heures de découragement, de ces moments où l'ont voit courir un peuple au devant de celui qui l'opprime, courber l'échine devant celui qui lui impose sa loi tyrannique fondée sur la violence.

Comme je le disais plus haut, le roi Humbert, loin de vouloir l'union des peuples latins, est bien à tort un ennemi de cette idée. Les lauriers sanglants des empereurs d'Allemagne troublent son sommeil : il rêve de conquêtes, de triomphes ; il sait la nation allemande fortement organisée, prête pour la guerre et il sacrifie tout pour conserver son alliance.

Que lui importent le Pape et Bismarck se donnant une scandaleuse accolade fraternelle ? Il n'a qu'un but, qui est une vision : l'agrandissement de la nation italienne. Il veut, avec l'aide des armées allemandes, conquérir les contrées qu'il revendique et qui, d'après lui et les siens, sont encore soumises à un régime étranger. Outre cela, l'idée d'un royaume colonial le préoccupe et l'obsède [1], et pour mettre à exécution ce projet, il est prêt à tout sacrifier. C'est pour cela même qu'il dévie les idées généreuses du peuple italien qui admet comme principe l'intégralité des nations dans leurs limites naturelles. Il a le tort de laisser surexciter ce peuple frère contre nous, de permettre qu'on lui dise que nous sommes le seul obstacle à son expansion coloniale ; que si le drapeau français flotte à Tunis, le drapeau italien doit flotter à Tripoli. Il nous laisse représenter comme des conquérants, comme des ambitieux voulant dominer l'Italie. Par malheur, ces idées anti-françaises trouvent un écho dans certaines sphères de la nation italienne. Cet exemple, qui vient du pouvoir, fait germer dans certains cœurs des haines qui se manifestent trop souvent. On ne saurait assez flétrir ces menées.

Que les Italiens sachent bien ceci : la mission de la France n'est point celle que les rois lui attribuent pour mieux la perdre dans l'esprit des peuples. Les conquêtes que nous voulons faire sont des conquêtes pacifiques. Nos triomphes sont

----

(1) N'a-t-on pas affirmé pendant quelque temps que des amis compromettants voulaient le faire sacrer empereur d'un pays d'Afrique auquel M. Crispi donnait le nom classique d'Erytrhée? Il serait devenu ainsi l'égal de ses alliés.

ceux qui émanent des idées progressives, mises à exécution. Nous nous sommes assagis et l'on ne peut plus nous reprocher de poser la *France en reine de la civilisation ; notre respect pour les aspirations nationales des peuples est absolu* [1]. Ne l'avons-nous pas prouvé depuis 1854?

Il est de toute nécessité que les hommes de cœur, les apôtres de l'idée nouvelle la répandent dans les foules. Il faut aussi se consacrer tout entier à combattre la routine et à détruire les préjugés. C'est un devoir d'assurer aux peuples que l'ère des conquêtes étant passée, on doit sans cesse opposer la fraternité des nations à l'intérêt et aux passions des rois et de leurs courtisans.

Cette œuvre s'accomplit peu à peu. Du reste, les beaux-arts, le commerce, l'industrie, les échanges réciproques ont déjà créé de solides liens entre les nations latines.

Il existe en Italie, en Espagne, en Portugal, en Grèce et en France de nombreuses sociétés de bienfaisance, de secours mutuels, de sciences, de lettres, de beaux-arts qui échangent chaque jour des gages d'amitié. Bien souvent des congrès ont lieu (où les allemands brillent par leur absence), pendant lesquels les hommes d'élite de chacune de ces nations se prodiguent les mar-

---

(1) Holtzendorff.

ques les plus touchantes d'une vraie fraternité et prennent l'occasion de se rapprocher, de s'estimer et de s'aimer davantage. Les machinations de l'Allemagne n'y font rien. Elles sont impuissantes devant les manifestations de ceux qui ne comptent que sur le droit.

Enfin, j'oublierais une des plus belles démonstrations faite par des hommes d'élite, de cœur et d'intelligence, si je ne parlais de la conférence inter-parlementaire qui, chaque année, se tient tour à tour dans une capitale de l'Europe. Elle est composée de députés d'un grand nombre de nations et résume les efforts de trente-huit sociétés fondées pour le maintien de la Paix, qui luttent courageusement en Europe, contre les idées de guerre. Les démocrates italiens et les députés républicains français sont les membres les plus actifs de ces sociétés. Nullement de l'avis de certains sceptiques, je ne souris pas de ces bienfaisantes tentatives, j'y applaudis de tout cœur, car elles préparent les idées de liberté, d'union et de concorde qui peuvent seules nous faire aller de l'avant et atteindre le but si généreusement convoité.

CHAPITRE X

DE LA PAPAUTÉ DANS L'UNION
DES RACES LATINES

« Tant dans son intérêt que dans celui des peuples, la papauté me parait devoir être mise complètement à l'écart de toute combinaison internationale. Bien que je reconnaisse qu'on peut être à la fois bon catholique et bon citoyen, (le Pape Léon XIII l'affirme), je ne crois pas possible de classer le catholicisme parmi les sociétés humanitaires capables de faire l'union des races latines, ni toute autre union ; son désintéressement en pareille matière devant être complet afin d'assurer son indépendance.

Pour les catholiques, leur religion les pousse à la consolidation d'un pouvoir central à Rome dirigé par un chef absolu, sans contrôle, presque toujours italien, qui agit trop dans ses intérêts personnels ou de ceux qui l'ont élu. Ce chef

poursuit d'autres idées que les souverains en général ; comme le conseille d'ailleurs un précepte
religieux : *Son domaine n'est pas de ce monde.*
Cependant les principes du catholicisme le forcent
à obtenir, tout au moins, la domination morale
de toutes les nations, principes autrement utopi-
ques que les miens qui se contentent de l'union
des races latines. Cette domination de l'univers
désirée par le Vatican m'oblige, je le répète, à ne
pas admettre cette religion comme facteur de
l'union des races latines. Il est vrai que ses défen-
seurs se soucient fort peu de mon exclusion ;
mais j'ai la conviction que tous les esprits éclairés et surtout modérés reconnaîtront avec moi
que l'organisation administrative du catholicisme, sa diplomatie actuelle vis à vis de l'Allemagne sont en opposition, je le répète, avec l'union
que je désire, comme avec toute autre union.

En effet, en supposant un instant que la papauté
renonce au pouvoir temporel et veuille bien se
contenter de son pouvoir spirituel, elle sera toujours en opposition avec les nations qui ne parta-
geront pas ses vues, en vertu de son dogme absolu,
*qu'elle est une et que hors d'elle il n'y a pas de
salut.*

Maîtresse, elle voudrait, comme elle l'a fait
autrefois, imposer sa croyance aux peuples angli-
cans, protestants, mahométans ; de là, nouvelles
guerres comme celles de « RELIGION » que l'his-

toire nous a transmises. Je suppose même les Etats-Unis d'Europe constitués ayant la religion catholique prépondérante et officielle, n'est-il pas permis d'affirmer qu'elle les exciterait à attaquer la Russie pour y imposer sa foi ? Les Etats-Unis d'Amérique et la Chine n'y échapperaient pas non plus (nos guerres continuelles avec cette dernière puissance en sont la preuve) et notre pauvre humanité continuerait à souffrir les horreurs de la guerre sous le prétexte spécieux de faire, au besoin par la force, le bonheur spirituel des hommes. Si l'Eglise catholique, conformément à ses principes de charité, se contentait de faire de la propagande sans engager les gouvernements, rien de mieux ; mais que les canons soient appelés à la soutenir, c'est contraire aux intérêts des Etats. D'ailleurs, en France surtout, nous ne sommes que trop fixés à cet égard.

La France appelée par les Papes *la fille aînée de l'Eglise,* les a recueillis pendant longtemps, leur donnant même le Comtât Venaissin et Avignon. Sous le dernier empire elle a été leur seul soutien et même en 1870, en voulant défendre Rome, Napoléon III s'est complètement perdu. Je laisse ici la parole au général Yung qui a, dans un ouvrage intitulé : *Stratégie, tactique et politique,* parfaitement établi que nous avons été privés du concours de l'Autriche et de l'Italie par suite de notre refus d'abandonner Rome.

« Au moment où les armées franco-prussiennes étaient en présence sur le Rhin les amis de la France, de l'Autriche et de l'Italie ne restaient pas inactifs. Ils tentaient de conclure une alliance si désirable. Nos troupes étaient toujours immobiles à la frontière.

« Le 3 août 1870, le comte Vimercati qui, depuis le début des événements, faisait la navette entre Paris, Vienne et Florence, arrivait au quartier général de Metz avec un nouveau traité concerté entre M. de Beust et M. Visconti Venosta.

« *Signez toujours*, disait à l'Empereur le prince Napoléon. *Signez le traité malgré ses fautes d'orthographe. Avisez Vienne et Florence que vous avez signé, engagez vos alliés. Les modifications s'imposeront si nous sommes victorieux ; si nous sommes battus, vous aurez du moins un retranchement, un titre pour invoquer l'appui de vos amis, mais, pour Dieu, signez avant que le sort des armes ait prononcé.* »

« Malheureusement, d'actif l'Empereur était devenu passif. Il était malade, prenait conseil sur conseil ; télégraphiait et enfin le 3 août au soir il écrivait : « *Je ne cède pas sur Rome malgré les instances de Napoléon.* »

« C'en était fait. M. de Vimercati repartait.

« Le lendemain, l'armée du prince royal écrasait la division Douai à Wissembourg, et le 6 le corps du maréchal de Mac-Mahon, à Wœrth.

« Le 6 au soir, la nouvelle parvenait à Victor-Emmanuel, alors au théâtre : *« Pauvre Empereur, s'écria-t-il, mais f..., je l'ai échappée belle ! »* [1] »

Pour garder Rome au Pape nous nous sommes perdus. Il serait donc permis de supposer que la cause de la France devrait être la plus chère au Vatican. C'est une erreur profonde. Non seulement nous n'y sommes pas les mieux vus, mais nous ne devons pas l'être, car nous ne paraissons

---

(1) Comme suite et à l'appui de ce que je viens de dire, j'extrais du remarquable article (basé sur l'ouvrage de M. Debidour) de M. Emile Cère qui a paru dans la *France* du 3 novembre 1890, les lignes suivantes : « L'Empereur, débordé, revient à son idée de faire une diversion militaire, mais quels seront ses alliés ?

Il pense à l'Autriche qui pensait aussi à la France, qui manifestait à chaque instant de ses bonnes intentions à notre égard, elle était l'ennemie de la Prusse et désirait abaisser cette puissance. Mais, fait remarquer M. Debidour, elle hésitait à entrer en campagne contre la Prusse, seule avec la France. Elle craignait d'être prise en flanc par l'Italie, qui dès 1865, avait émis la prétention de lui prendre le Trentin, Trieste et l'Istrie et qui, invoquant, à tort ou à raison, le principe des nationalités, était encore prête à revendiquer comme siennes ces provinces.

Si au contraire, elle parvenait à réconcilier Victor-Emmanuel avec Napoléon III, si la France et l'Italie formaient avec l'Autriche une triple alliance, il n'y avait nul danger pour cette puissance à provoquer l'Allemagne du nord ; l'Allemagne du sud serait par là facilement contenue

pas les plus forts, nous avons été malheureux et la politique du Saint-Siège *s'oppose à des préférences sentimentales par tempérament d'abord, par intérêt ensuite* [1].

Cela résulte de nombreux documents et notamment de deux communications diplomatiques fort importantes émanant du cardinal de Retz et du duc de Nivernais, ambassadeurs des rois de France à Rome, lesquels écrivaient : « *A la cour du Vatican on ne fait rien par reconnaissance et par inclination.* »

J'ai dit : par *intérêt*, en ce sens que faire plai-

---

ou même entraînée ; la victoire était à peu près certaine. Or, pour obtenir le concours de l'Italie, que fallait-il faire ? Lui laisser prendre Rome. Beust, pour sa part, n'y répugnait nullement. Il avait trop peu à se louer du Saint-Siège (qui après avoir publiquement condamné les lois confessionnelles, encourageait dans leur révolte certains évêques austro-hongrois) pour porter beaucoup d'intérêt au pouvoir temporel du Pape.

L'Italie entra dans les vues de la France, mais elle voulait Rome. L'Autriche y consentait. Le gouvernement impérial refusa, laissa traîner les pourparlers, engagea la guerre, et lorsque après ses défaites il essaya de les renouer, il était trop tard.

Nos voisins voulurent bien s'allier avec nous vainqueurs, mais non avec nous vaincus. »

(1) Brachet, *L'Italie qu'on voit et l'Italie qu'on ne voit pas*, pages 66 et 67.

sir à la France, c'est s'attirer l'inimitié des autres nations. Il est préférable pour le Vatican, sinon de nous abandonner à notre sort, mais, du moins, d'observer vis-à-vis de la France une douce réserve. Non seulement notre cause n'est pas la plus chère à Rome, mais elle ne l'a jamais été, même au moment où nos troupes défendaient les Etats pontificaux. Tous les officiers français de l'occupation de Rome ne se rappellent-ils pas avec quel dédain la noblesse papale et les fonctionnaires du Vatican les traitaient ?

En 1860, le général Lamoricière fut tout à fait découragé par le mauvais vouloir, les obstacles de tout genre et l'hostilité non déguisée de l'administration romaine et de la prélature. Il était détesté des prélats (qu'il défendait, en somme) parce qu'il était français, brave et honnête. M. le comte d'Ideville qui affirme cette situation, déclare qu'elle lui a été confirmée par Mgr de M*** (probablement Mgr de Mérode).

Tout ce qui était français à Rome, depuis les écoles religieuses jusqu'aux enseignes écrites dans notre langue, tout devait s'italianiser, et notre ambassadeur, M. de Sartiges, eût beaucoup de mal à épargner ces ennuis à nos compatriotes, et cependant nos troupes étaient à Rome.

Brachet rapporte qu'à son entrée au conclave d'où il est sorti Pape, le cardinal Mastaï avait parmi ses livres favoris[1] « le Primato » de Gioberti lequel prononça le mot fameux : « Je crains plus les Français amis que les Allemands ennemis. »

Pie IX lui-même ne cachait pas son italianisme et osait dire aux français qui le soutenaient contre ses compatriotes italiens que « s'il le voulait, il s'arrangerait directement avec Victor-Emmanuel, ajoutant qu'entre italiens on se comprenait et s'entendait toujours [2]. »

Aujourd'hui la France n'a plus à sa tête un chef qui croit sauver sa couronne en sacrifiant son pays au Pape. Elle ne doit plus être l'alliée de la papauté. Elle doit la respecter, imiter sa politique, c'est-à-dire observer la plus stricte neutralité vis-à-vis d'elle.

M. Crispi a publié le contraire dans un article de la « Contemporary Review » (1er août 1891) en partie basé sur des compliments officiels de Mgr Rotelli, ancien nonce du Pape à Paris. Cet article plein de fiel, de rancunes et de regrets du pouvoir, respire une trop grande sénilité pour mériter une réfutation sérieuse. Il me semble d'autant plus à dédaigner que, dans l'ensemble de ses allégations, M. Crispi fait preuve de la

---

(1) Les cardinaux en entrant au conclave, prennent généralement une série de livres importants qu'ils lisent avec soin.

(2) *Journal d'un diplomate en Italie*. Comte d'Ideville.

plus plate adulation envers l'Angleterre et dissimule à peine sa colère contre l'alliance franco-russe. Quoiqu'en dise M. Crispi (car il ne le pense point) la France ne veut pas rétablir le pouvoir temporel du Pape.

Un Etat quelconque peut respecter toutes les religions sans en favoriser aucune, de même qu'une religion comme le catholicisme doit aimer toutes les nations sans s'attacher plus particulièrement à une d'elles [1] ; plus la séparation sera nette entre les religions et les gouvernements, plus les uns et les autres vivront en paix à leur grand bénéfice.

Haeckel disait: « La science et la religion n'ont jamais eu à se féliciter de leurs empiètements réciproques. »

Le même principe peut s'appliquer en matière gouvernementale. Aussi, théoriquement et pratiquement, les religions en général doivent être écartées de toute tentative d'union des peuples,

------

(1) Le cardinal Rampolla, secrétaire d'Etat, déclarait récemment à un publiciste français : « Quand vous aurez l'honneur de converser avec le Souverain-Pontife, il vous dira toute l'intensité de son affection pour la France. Mais ne vous attendez pas à ce que Léon XIII exprime cette prédilection publiquement ; les préférences du comte Pecci ne sauraient faire oublier au Pape *que les 200 millions de catholiques répandus dans l'univers ont un droit égal à son affection.*

et en particulier la religion catholique 'dont les dogmes sont absolus et surtout exclusifs ; et nous devons, suivant moi, nous pénétrer du principe de Cavour : « L'Eglise libre dans l'Etat libre. » Les religions doivent être en dehors de tous les gouvernements. Toutès les idées se développent, se défendent d'elles-mêmes, et lorsqu'elles sont bonnes, l'être humain les accueille bien vite et les fait siennes. Les pouvoirs publics n'ont pas à s'en préoccuper et ils doivent les ignorer : c'est d'ailleurs la théorie du Saint-Siège, chaque fois qu'il a un homme supérieur à sa tête et nous avons le bonheur de l'avoir en la personne de Léon XIII.

Je finirai par ce mot de M. Méreu : « Le Pape est le chef d'une institution qui, par son tempérament, son universalité, est la négation de toute conception nationale. »

CHAPITRE XI

DERNIERS ARGUMENTS

—

De véritables sympathies existent entre les nations latines; une des plus belles preuves est le généreux sentiment de fraternité que leurs peuples ne cessent de se manifester dans le malheur. Qu'un cataclysme, qu'une inondation, qu'un tremblement de terre vienne semer la misère, la désolation, la mort dans une des provinces des nations latines, et immédiatement les journaux se couvrent de souscriptions et les bourses se délient aux appels chaleureux des hommes de cœur. Cette charité fait germer chez le peuple qui en est l'objet une gratitude intense et il reste du bienfait reçu un souvenir qui ne s'efface pas.

Oh oui ! c'est en vain que l'on cherche à désunir les peuples ayant des affinités secrètes !

L'Italie, l'Italie du peuple, l'Italie démocratique, ne nous a-t-elle pas donné en mai 1889 un
exemple qui doit nous faire bien augurer de
l'avenir ? Le Gouvernement avait cru devoir
refuser toute participation officielle à l'exposition que la France préparait pour fêter le cente-
naire d'une grande date pour l'humanité : 1789.
Que fit le peuple italien ? Que firent les vaillants
écrivains de la presse libérale ? Ils organisèrent
des comités ; recueillirent des souscriptions et
des adhésions en faveur de la France républicaine, offrant ce spectacle au gouvernement du
roi : le peuple italien les mains tendues vers la
France, sans se soucier des nécessités de la politique de la Triple Alliance.

M. Crispi lui-même, le gallophobe par excellence, ne tenait-il pas dans ses discours un
langage des plus bienveillants envers nous ? [1]
Ne disait-il pas bien haut à Turin, le 26 octobre
1888 :

« Je ne tramerai rien contre un peuple voisin,
allié à l'Italie par *l'analogie de la race,* par les
traditions et par la civilisation » et il ajoutait
pour terminer : « Personne ne peut désirer une
guerre entre l'Italie et la France, car une défaite

---

(1) A moins qu'il ne soit pas sincère, ce qui ne me sur-
prendrait pas, étant donné sa conduite en 1870, alors qu'il
dirigeait les journaux les plus haineux contre la France.

ou une victoire issues d'une telle guerre, seraient également funestes à la liberté des deux pays et à l'équilibre européen. »

Si l'on rapproche ce discours de celui prononcé à Florence par le même M. Crispi, le 9 octobre 1890, où se trouvent les passages suivants : « Personne ne pense qu'il soit possible de songer à une Europe privée de la mission de cette France qui est le plus sympathique sourire de la civilisation moderne et dont la force d'attraction est infaillible », on peut assurer que M. Crispi regrettait terriblement de ne pouvoir être l'ami loyal de la France, d'autant plus que ses alliés de l'Autriche et de l'Allemagne ne lui ménageaient guère leur dédain et même leur haine.

Et l'Angleterre, dont l'Italie vante à chaque instant la bonne amitié, ne se gêne pas pour lui faire connaître de temps à autre qu'elle ne la considère que comme un instrument. Le *Galignan Messenger*, journal anglais de Paris, dans un article daté du 26 août 1890, donne la mesure des sentiments anglais vis-à-vis de l'Italie. Il la donne même dans les termes les moins bienveillants, comme on peut en juger par l'extrait suivant :

« Le Gouvernement italien fera bien de se souvenir qu'un pouvoir nouveau et relativement enfant, comme l'Italie, a besoin d'une active surveillance pour empêcher une secte gonflée d'orgueil, comme les irrédentistes, de devenir sinon un danger positif, du moins un élément de trouble dans la Méditerranée et en Afrique. »

« Nous avons déjà fait allusion aux intrigues anti-anglaises qui se poursuivent à Malte et il peut être opportun de faire sentir au signor Crispi que l'Italie doit des remerciements à l'Angleterre, tandis que l'Angleterre ne lui doit rien. L'idée qu'un pouvoir à demi banqueroutier vienne croasser bien fort et demander des tranches extra en Afrique à son bienfaiteur, est aussi absurde qu'elle est empreinte d'ingratitude. »

« L'Angleterre a aidé tout aussi effectivement quoique avec plus de prudence à unifier l'Italie, que la France. L'acte chevaleresque de sa sœur latine, donnant son sang pour faire de l'Italie une nation, a naturellement été oublié ; mais l'Angleterre n'est pas sentimentale en diplomatie. »

« Le plus petit mouvement d'irrédentisme sera guetté et de simples assurances d'hommes d'Etat, comme le signor Crispi, ne seront pas prises pour paroles d'Evangile. Il est vrai que le lion britannique a été dernièrement quelque peu somnolent ; mais, ses intérêts depuis Gibraltar, et nous pouvons même ajouter depuis Tanger jusqu'à l'Est de la Méditerranée, sont tels qu'il ne ferait pas bon pour l'Italie de provoquer son premier grognement. »

« Feuilles italiennes, et, surtout vous, feuilles officielles, prenez-en note. »

Comme je l'ai déjà dit, l'Italie sait malheureusement ce que lui coûtent les grandes alliances comme celles de l'Allemagne et de l'Autriche : d'abord sa dignité nationale et ensuite ses intérêts. Le nombre des faillites a été sans cesse en augmentant depuis 1887, époque à laquelle M. Crispi est arrivé au pouvoir.

En 1886 il avait été de 1301.
En 1887   »   1603.
En 1888   »   2212.
En 1889   »   2048.
Enfin, en 1890 il avait été de 2600.

Les recettes des chemins de fer ont toujours diminué ; elles sont, en ce qui concerne les lignes de la Méditerranée, de 150.000 francs au-dessous de celles de 1890, et cela pour une seule semaine, la dernière de janvier [1].

L'excédent des importations sur les exportations reste le même pour les deux années 1889 et 1890, et ce déficit absolu continue à être représenté par 444 millions, ce qui est particulière-

---

(1) Extrait du « *Lyon Républicain* » du 8 février 1891.

ment grave, si l'on considère qu'en 1890 l'exportation, indice de la vitalité commerciale, a diminué en même temps que l'importation, indice de la consommation à l'intérieur.

Il résulte, d'autre part, des données relatives aux conditions de l'agriculture en 1890, que ces conditions n'ont pas été bien satisfaisantes pour l'Italie, attendu que les articles importants ont donné de mauvais résultats, soit quant à la récolte, soit quant au manque d'exportation.

Enfin, comme le dit M. Gladstone : « En moins de vingt-cinq années de paix depuis son indépendance, l'Italie a trouvé le moyen de tripler ses impôts, d'avoir une dette aussi forte que celle de l'Angleterre et de se trouver à deux pas de la banqueroute. »

A l'appui des paroles de l'homme d'Etat anglais, je ne puis mieux faire que de citer le tableau suivant du budget italien :

En 1876, excédent : 20.446.000 francs.
En 1877,   »   22.900.000   »
En 1879,   »   42.294.000   »
En 1881,   »   51.368.000   »
En 1890,   déficit : 251.900.000   »

L'unité italienne n'a pas été conçue et exécutée par les patriotes italiens pour arriver à ces résultats.

L'Italie peut et doit faire volte-face à cette
néfaste politique de guerre et de haine contre la
France ; elle doit comprendre que les peuples
sont fatigués de combattre, soit pour asservir,
soit pour être asservis ; et sur ce point ils manifestent chaque jour davantage leur volonté. Il
est temps, qu'aux guerres qui se suivent depuis
des siècles, succède une ère de paix et de tranquillité ; il est temps que les luttes soient enfin
circonscrites sur le terrain de la science et du
travail. Si les chefs d'Etat comprenaient cela,
ils ne s'occuperaient que de développer l'agriculture, le commerce et l'industrie. Ni les vaines
gloires personnelles, ni les soi-disant dangers
de l'*anarchisme* [1] ne devraient les affoler. C'est
ainsi qu'il leur serait donné de conduire leurs
peuples vers le seul idéal réel : Le progrès économique et social.

Je viens de parler d'anarchisme. J'allais oublier
un des grands moyens de domination de M. de
Bismarck dont il usait et abusait [2] avec une

---

(1) Par le mot *anarchisme* j'entends classer, d'après le
langage des réactionnaires, les socialistes, démocrates,
républicains, etc., etc., de tous les pays monarchiques.

(2) On pourra remarquer que je personnifie trop souvent
la politique allemande en M. de Bismarck ; si j'agis ainsi,
c'est qu'il me paraît difficile d'être clair sans le citer.
Depuis qu'il est entré dans la diplomatie allemande, à
l'âge de 35 ans, il l'a presque toujours dirigée. Au début

habileté extraordinaire pour exalter ou intimider, suivant le cas, les rois comme Humbert Ier, dont le concours était utile à sa politique. Ce moyen était d'exciter la peur des souverains. Il se contentait de faire répandre par ses ambassadeurs et cinq ou six agents confidentiels, certains bruits sur les dangers que couraient leurs dynasties. Napoléon III a réussi vingt ans en faisant trembler les naïfs bourgeois français à l'aide du spectre de l'anarchie ; M. de Bismarck a fait de même auprès de quelques cours européennes ; il est arrivé à leur persuader que les trônes doivent, pour se consolider, vivre en dehors de leurs peuples, et qu'une confédération de dynasties suffisait pour garantir l'existence de celles qui en font partie.

---

simple conseiller à Francfort, puis membre de la Diete, ensuite ministre de Prusse à St-Pétersbourg, enfin président du Conseil des ministres à Berlin, partout il était le maître et Guillaume II aura beau faire paraître les mémoires de son grand père, ils n'auront jamais les succès des mémoires de M. de Bismarck, voire de ses secrétaires. Pendant près de quarante ans, le chancelier a, sous divers titres, dominé le centre de l'Europe ; il se déplaçait, il écrivait des notes, faisait rapports sur rapports, dirigeait d'une manière absolue les affaires intérieures et extérieures de l'Allemagne. Aussi la vie politique de ce pays, pendant plus d'un quart de siècle, s'est personnifiée en lui. Celle de Guillaume II sera peut-être meilleure, plus honnête, ce qui ne semble pas difficile ; mais il faut attendre pour la connaître et la juger.

Je ne suis pas de son avis et j'estime que le roi d'Italie, la reine régente d'Espagne, le roi de Portugal et le roi de Grèce, ont plus à gagner à suivre le courant de l'opinion publique qu'à le remonter. Les victoires du genre de celles que M. de Bismarck remportait au parlement sont dangereuses. Le lendemain de ces victoires pourra être terrible, et l'empire allemand, œuvre du Chancelier de fer, risquera de sombrer victime du pouvoir tyrannique qui l'a élevé.

Mais qu'importe ? Ce qu'il ne faut pas, c'est que les principes tudesques se répandent davantage chez nos voisins du Sud. Il faut que gouvernants et gouvernés soient convaincus au plus vite de ceci : qu'ils ne sont que les dupes des allemands. Il est donc utile de ne pas rendre le mal irrémédiable : la situation est pressante, c'est d'ailleurs ce qui a été compris par une vingtaine de députés au parlement italien, lesquels ont pris récemment l'engagement de faire des conférences contre la Triple Alliance dans diverses villes d'Italie, afin d'éclairer le peuple. Parmi ces hommes de cœur, je puis citer MM. Cavalotti, Imbriani, Colojanni, Pantano, Barzilaï, Mazzoleni, Ettore Ferrari, Bovio, etc., etc.

L'absorption commerciale des Allemands en Italie, où ils sont accueillis si fraternellement, est effrayante. Dans un récent voyage à Gênes et à Milan, il m'a été donné d'entendre les doléances du haut commerce. Tout est exploité par les Allemands, sans profit pour les gênois et les milanais. On commence à s'élever contre un envahissement qui devient plus qu'encombrant.

La haute banque, notamment, est accaparée, et une sorte de toile d'araignée dont les fils sont tissés par les financiers allemands, s'étend déjà sur l'Italie. Dans quelques années si l'on n'y prend garde, ce riche pays deviendra rapidement la proie de ces rapaces teutons qui sauront manœuvrer de manière à n'y laisser, en peu de temps, que ruines et misères. Que les Italiens y réfléchissent bien : Après la conquête économique, viendra la conquête territoriale de la Péninsule par les Allemands.

D'un autre côté, peut-on croire que l'Autriche ait oublié les provinces qui lui ont été tour à tour arrachées par la force ? Et après avoir, au moyen de l'alliance actuelle, découragé complètement tous les vrais amis de l'Italie, n'est-il pas de la plus élémentaire politique que l'Autriche propose à l'Allemagne certaines compensations convoitées depuis longtemps et qu'elle impose à l'Italie la rétrocession de la Lombardie et de la Vénétie ?

Je me résume : l'Allemagne et l'Autriche peuvent avoir besoin des voix catholiques de leurs parlements et se voir forcées de les conquérir en chassant le roi d'Italie de Rome ; l'Autriche peut

revendiquer, en cas de succès ou d'insuccès de la
Triple Alliance, la Lombardie et la Vénétie ; ou
bien encore l'Allemagne peut venir sur l'Adriatique, se dresser, puissance très forte, contre
l'Italie et la gêner singulièrement [1].

Alors où est donc le véritable bénéfice de l'Italie ? Il n'est pas, il ne peut être dans ses funestes
alliances d'aujourd'hui, mais dans l'union avec
la France, tant dans ses intérêts économiques
que dans ses intérêts politiques et sociaux.

---

(1) On se rappelle la récente campagne de désarmement
qui a fait le tour de la presse ; j'ai trouvé un des meilleurs
articles qui aient été faits en Italie sur cette question et
relativement au sujet que je traite ; sa modération, sinon
ses tendances, le rend remarquable à mon avis et m'engage à le citer.

(*Moniteur de Rome*, janvier 1891). « Il est une puissance
qui, plus que toutes les autres, souffre de cet horrible fléau
de la paix armée et succombe sous le poids des charges
militaires. Avons-nous besoin de la nommer ! C'est l'Italie.
Le budget militaire de l'Italie est de six cents millions. »

« Ces six cents millions si on pouvait les affecter à une
autre destination suffiraient complètement à guérir les
crises multiples, économique, financière, industrielle et
agricole, qui pèsent présentement sur la Péninsule. Le
désarmement ! mais ce serait pour l'Italie une bénédiction
du ciel, le commencement d'une ère de relèvement et de
prospérité qui lui assurerait bientôt un des premiers rangs
parmi les grandes nations de l'Europe. »

« Mais, d'autre part, l'Italie qui ressentirait le besoin le
plus vif d'un désarmement général, est précisément le pays

A mon avis, c'est indiscutable, toutes les promesses de l'Allemagne et de l'Autriche n'y changeront rien. Que le roi Humbert y fasse attention : il perd à ce jeu-là toute considération et en outre il pourrait habituer l'Italien à pratiquer la morale privée comme la morale gouvernementale. Des exemples de la nature de ceux qui nous sont offerts par l'attitude de l'Italie envers la

---

qui, par la fausse direction de sa politique intérieure et étrangère peut le moins désarmer. »

« *Tout le système d'alliances de l'Italie actuelle est fondé sur la peur d'une restauration de l'indépendance pontificale.* Tant que continue de sévir la paix armée, l'Italie, plus que toutes les autres, est donc obligée de s'associer à un groupe de puissances et de renforcer sans cesse les charges militaires qui l'écrasent. Mais le jour où une proposition de désarmement serait portée devant un congrès européen, l'Italie officielle ne devrait pas moins appréhender, car si l'idée de désarmement était sérieuse près de ceux qui la proposent et si les puissances étaient réellement décidées à liquider à l'amiable les graves questions qui maintiennent l'état actuel de paix armée, *une des premières questions qui se poseraient devant cet aéropage des puissances, est la question de l'indépendance du Pape.*

« Et tant que cette question là ne sera pas réglée, aucune paix sérieuse et durable ne pourrait être assurée à l'Europe. De sorte que l'Italie officielle, pour avoir voulu fonder son existence sur la violation des droits les plus essentiels de la papauté, se trouve placée dans cette douloureuse alternative, ou de continuer à subir les charges écrasantes de la paix armée ou à redouter le règlement des comptes qu'entrainerait un désarmement éventuel. »

France, sont d'une perversité énorme pour les peuples.

Le commerce, les finances, la sécurité et l'indépendance de l'Italie ont tout à gagner dans une union avec la France.

Quant à la France, ayant le bonheur de ne pas avoir les mêmes besoins, son devoir est de faire les premières avances et de demander nettement au Quirinal de se séparer de la Triple Alliance pour s'allier à elle. Si l'Italie refuse, si elle méprise toute politique de sentiment, nous aurons à l'avenir le droit pour nous, et nous serons alors libres d'agir dans notre intérêt. Dans ces vues, nous prouverons sans doute à M. Crispi qu'il s'est trompé étrangement lorsqu'il disait : « La France n'a pas assez d'amis en Europe pour dédaigner d'en avoir au-deçà des Alpes », d'abord parce que nous n'avons jamais dédaigné ces *amis*, bien au contraire ! et ensuite parce que nous saurons en trouver d'autres.

Que les Italiens ne s'y trompent pas : le sentiment seul me guide dans cette demande formelle de quitter leurs alliances fatales. Je le fais avec d'autant plus de désintéressement que la France est sûre de ses autres alliés.

CHAPITRE XII

ALLIANCE AVEC L'ESPAGNE

Je vais aborder une des parties les plus agréables de la tâche que je me suis imposée ; je veux parler des rapports de l'Espagne avec la France, de l'union, de l'alliance que je désirerais voir exister entre les deux nations.

Dans ce pays la politique allemande a eu moins de succès qu'en Italie et cependant l'Allemagne a recherché et saisi toutes les occasions de nous l'aliéner. Pour y parvenir, tous les moyens lui ont paru bons, nous l'avons bien vu lors de l'arrivée du roi Alphonse XII à Paris. Mais aussi quelle sévère leçon n'a-t-elle pas reçue ! L'affaire des Carolines a fait long feu ; l'Espagne a été froissée et c'est pire que d'avoir eu une guerre avec elle ; on n'oublie pas facilement en Espagne et c'est là la force de son union tacite avec la France.

Ce n'est pas une appréciation toute personnelle que j'émets. L'illustre espagnol, M. Castelar, ne disait-il pas, dans un important discours à la Société de géographie de Paris, à propos de la colonisation : « L'Allemagne , par exemple, l'Allemagne, qui n'a jamais colonisé, n'a cessé d'aller en Italie, en Espagne, en France par des irruptions que vous connaissez beaucoup mieux que moi. Elle a fait aussi des tentatives coloniales et elle a même été pour accomplir ses desseins jusqu'à blesser l'Espagne en portant atteinte à son sentiment le plus noble, celui de la Patrie. »

Il est vrai que cette affaire a fourni à M. de Bismarck l'occasion de prouver une fois de plus sa duplicité. Pour satisfaire le gouvernement catholique de l'Espagne, il a accepté le règlement de cette délicate question par le pape Léon XIII. Cette hypocrite déférence de la diplomatie prussienne pour le Saint-Siège n'était qu'habile et iutéressée, car par ce procédé elle satisfaisait les catholiques allemands et ramenait le roi d'Italie, dans la Triple Alliance, Humbert Ier redoutant toujours l'existence de rapports cordiaux entre le Vatican et Berlin.

L'Espagne et la France sont aujourd'hui plus rapprochées que jamais. Le gouvernement de la

République lui offre toute garantie, et chose étrange ! dans ce délicat sujet, la situation des trois nations-sœurs est intimement liée.

On prétend à tort, chez les monarchistes français, que la République est préjudiciable aux alliances ; mais c'est une grave erreur que j'ai la prétention de combattre. De même que l'Italie n'a plus rien à craindre d'un gouvernement républicain en France, pour le rétablissement du pouvoir temporel du Pape, l'Espagne n'a pas à redouter que les républicains français aident jamais Don Carlos à remonter sur le trône de Madrid. Les monarchistes français ont donc tort de prétendre que la République éloigne les alliances ; au contraire, une monarchie inquièterait beaucoup plus qu'elle ne rassurerait l'Italie et l'Espagne. Dans ces conditions, la France n'a pas à redouter l'isolement ; son gouvernement actuel est le plus propice pour conclure une alliance durable avec les deux nations latines que je viens de nommer. D'ailleurs cet argument des réactionnaires sur l'*isolement* de la France a été victorieusement combattu par le même M. Castelar, dans les termes suivants :

« Ne craignez rien de ce que l'on rapporte sur l'isolement de la France ; ne craignez rien, la France, au commencement de ce siècle, ou au moins à la fin du siècle dernier, s'est trouvée,

pour des raisons que je ne veux pas rappeler,
parce que je ne veux pas faire de politique,
entourée d'ennemis acharnés : à présent peut-
être elle se trouve entourée de certains ennemis,
de certaines forces qui lui sont hostiles, mais
s'il y a des gouvernements hostiles à la France ;
s'il y a dans le monde des gouvernements méfiants
à l'égard de la France, je puis vous assurer que
tous les peuples du Monde sont pour elle, qu'ils
la regardent comme le soleil ! »

« Du moment que vous ne représentez plus
la conquête, du moment que vous ne représentez plus la guerre, du moment que les anciens
souvenirs se sont effacés, croyez-moi, et l'expérience confirmera cette espèce de prophétie que
je vous annonce, croyez-moi, chaque jour les
peuples seront davantage pour la France, parce
qu'elle représente dans le monde, le travail, la
liberté et la science ! » Et M. Castelar, ajoute :
« Je ne vous dis pas cela pour vous flatter. Non ;
tout ce que je vous dis n'est que l'écho très-faible
du langage que j'ai toujours tenu à l'égard de la
France à la tribune espagnole et quand je me
trouvais à la tête du gouvernement. »

Quand on écrit sur l'union des races latines,
on se trouve toujours en face d'une foule d'arguments plus ou moins fondés ; en voici un
très-important que certains adversaires opposent
fréquemment :

« Mais les guerres continuelles entre l'Espagne,
la France et l'Italie ont laissé des traces trop
cruelles, pour qu'une sérieuse union soit possible. »

Cet argument est pauvre, en vérité, et comme
le dit encore M. Castelar, la France n'a-t-elle pas
livré plus de batailles contre l'Anjou, l'Aquitaine,
la Bretagne, la Bourgogne et toutes ses propres
provinces que contre les puissances voisines ?
L'Espagne n'a-t-elle pas eu de nombreuses guerres entre l'Aragon et les Castilles, etc., etc. ;
cela n'a pas empêché ces deux pays de devenir
parfaitement homogènes. Ces exemples sont ras-
surants pour l'avenir et l'union des pays latins,
ils sont une des meilleures preuves qu'elle s'accomplira à bref délai.

Les Pyrénées et les Alpes seront suppri-
mées, si l'on continue à conclure des échanges
rationnels et convenables à la dignité comme aux
intérêts de tous. Ce que n'ont jamais pu accomplir les conquérants, les prétendus maîtres (et ils
n'ont pas manqué) le « droit des gens », le commerce et l'industrie l'accompliront. Des routes, des
voies ferrées se construiront comme par enchante-
ment à travers les montagnes les plus inacces-
sibles, dès que l'union sera complétée. Voici
d'ailleurs dans quels termes s'exprime M. Castelar sur ce sujet :

« Louis XIV s'est trompé quand il a dit : Il n'y

a plus de Pyrénées ! parce que Louis XIV était un
conquérant ; mais si le travail, si le commerce,
si la liberté disent : « Plus de Pyrénées ! » il ne
se trompent pas, parce que, pour la liberté, pour
la fraternité, pour l'amour du peuple, il n'y a
plus de Pyrénées dans le monde. »

« Nous vous donnerons nos minéraux, nos
fruits et même notre vin quand le phylloxéra
sera dans vos vignes et vous nous donnerez les
produits de votre intelligence, vos livres, vos
chefs-d'œuvre artistiques, tous les produits enfin,
où ressortent la splendeur de votre art et l'activité de votre industrie. »

Tout ce que j'aurais pu dire eût été bien au-
dessous de ce qu'a dit le célèbre orateur espa-
gnol.L'autorité de sa parole est tellement grande,
que je ne pouvais mieux faire que de la rappeler
ici, et cela d'autant plus qu'en ce moment l'Espagne se fait représenter à Paris, par un ambassadeur qui est un de ses plus grands personnages
et l'un des membres du Corps diplomatique le
plus aimé. Je veux parler de S. E. Monsieur le
Duc de Mandas, un grand seigneur doublé d'un
homme d'esprit, ce qui ne gâte rien.

Les marques d'estime, de sympathie, s'échangent journellement entre la France et l'Espagne.
Le Président de la Chambre française, M. Floquet,
reçoit M. Martos, Président des Cortés espagno-
les ; M. Jules Simon est accueilli avec enthou-

siasme au Congrès littéraire de Madrid ; le général de division du génie espagnol, Ibañez a présidé durant dix-huit années, la Commission internationale des poids et mesures qui siège tous les ans à Paris, M. de Freycinet l'a fait grand officier de la Légion-d'honneur. La reine Isabelle II, grand'mère du roi actuel, habite toujours la France où elle a su se faire aimer de tout le monde.

L'Espagne se trouve chaque jour entraînée vers la France ; elle sait que de notre pays lui viendront les capitaux, les ingénieurs, les secours de toute nature pour valoriser ses immenses richesses agricoles ; elle sait, comme le disait si éloquemment le duc de Mandas, ambassadeur à Paris, dans son discours de réception à M. Carnot: « que les deux nations n'ont pas seulement des rapports de bon voisinage, mais que des intérêts positifs, variés et considérables les rapprochent à toute heure, que la prospérité de l'une est liée à la prospérité de l'autre. » L'ambassadeur se félicitait ensuite de cette tâche si belle d'avoir à cultiver les rapports de plus en plus affectueux avec la France, cette nation amie qu'il appelle « *si noble et si généreuse.* » M. Carnot lui répondit dans les termes les plus affectueux, parlant de la solidarité des deux nations et de la ferme intention du gouvernement français de resserrer chaque jour davantage les liens d'amitié qui les rapprochent si heureusement.

Ces discours, bien qu'officiels, sont empreints d'une chaleur amicale, rare dans ces sortes d'audiences, et qui n'échappera à personne. Ils prouvent que les deux pays s'entendent et qu'ils sont unis. En peut-il être autrement ? Il n'y a pas longtemps encore, au Congrès de Berlin, convoqué par Guillaume II, au sujet du socialisme, l'Espagne avait réclamé son admission. La France appuya sa réclamation, mais l'Angleterre la combattit toujours : Il est pénible pour les Anglais de s'asseoir à la même table que leurs victimes et les Espagnols sont un vivant reproche du rapt de Gibraltar.

Puisque je parle de l'Espagne, on me pardonnera de m'étendre davantage sur ce pays que j'aime tant ; je parle sa langue, je comprends donc un peu son âme. Aussi me permettrai-je de traiter une question des plus délicates pour les Espagnols en général et les madrilènes en particulier : *L'anniversaire du 2 mai.* C'est un jour consacré à honorer la mémoire du courage et du patriotisme des victimes qui ont succombé le 2 mai 1808 en défendant l'indépendance de la nation espagnole, plutôt qu'une manifestation contre la France. En 1890, le maire de Madrid, en prononçant le discours d'usage devant le monument fédératif a employé un langage tellement élevé que les correspondants des journaux français lui ont rendu justice et ont constaté que c'était un des symptômes les plus favorables à l'amitié sans cesse grandissante des deux nations.

Les étudiants, les ingénieurs, les officiers, les soldats espagnols, ne manquent jamais une occasion d'accueillir les nôtres avec les marques du plus vif enthousiasme. L'ambassadeur de France est l'objet d'attentions spéciales à Madrid. Les salons paraissent français dans la capitale de l'Espagne et ceux de Paris ne manquent pas une occasion de fêter ce qui est Espagnol.

Quant aux littératures espagnole et française, leur similitude indique bien celle de la race. Les Molière, les Corneille, les Racine, les Lesage, les Musset, les Victor Hugo, etc., etc., ont été inspirés ou ont écrit comme les Cervantès, les Calderon de la Barca, les Lopé de Véga, les Quévedo, les Espronceda, les Larra, etc., etc. A l'appui de ce que je me permets d'avancer, j'emprunterai quelques passages au remarquable article de M. Brunetière qui a paru dans la *Revue des Deux-Mondes* du 1er mars 1891, intitulé : « L'influence de l'Espagne dans la littérature française. » Voici ces passages :

« L'indifférence actuelle des Français pour la littérature espagnole est de date assez récente, et nos pères s'en étaient bien gardés. Quoi que l'on puisse effectivement penser de la littérature espagnole, de ses défauts ou de ses qualités, ils savaient qu'en raison du voisinage et de la politique, aucune autre, pas même l'italienne, n'a plus souvent ni plus profondément agi sur la nôtre, ne s'y est mêlée plus intimement. Deux fois au moins l'influence espagnole n'a-t-elle pas modifié pour un temps la direction de la littérature française : vers le milieu du XVIme siècle, avec ses *Amadis* ? et vers le milieu du XVIIme, par l'intermédiaire des deux Corneille, Pierre et Thomas, et de Scarron, sans parler de tant d'autres ? Car, ce n'est pas seulement Rodrigue, c'est Arnolphe aussi, l'Arnolphe de l'*Ecole des femmes*, et c'est même Tartufe qui nous sont venus d'Espagne. Que dirons-nous encore, au siècle suivant, de Gil Blas et de Figaro ? Et, dans notre temps même, aux beaux jours du romantisme, d'*Hernani*, de *Ruy-Blas*, de la *Périchole* ou de *Carmen* ? Ne sont-ce peut-être que des noms ? Cette « couleur locale » que Mérimée et Hugo se flattaient d'avoir dérobé à l'Espagne, n'est-elle que du placage ou de l'enluminure ? La question n'est pas là, pour le moment du moins ; et tout ce que nous disons, c'est qu'il n'y a pas de littérature étrangère dont la connaissance importe plus à l'histoire de la nôtre. »

Plus loin, M. Brunetière ajoute : « Que la littérature française et même la littérature européenne, en général, doivent deux choses à l'Espagne ; le sens du *chevaleresque* et celui du *romanesque* » . . . .

« Quand, en effet, pendant près de trois siècles, deux peuples voisins se sont mêlés constamment l'un à l'autre, et que leurs littératures se sont tour à tour plus ou moins fidèlement imitées, il y a quelques chances pour que leurs rapports soient en quelque sorte fixés, et pour que tout ne soit pas faux ni vain dans l'idée qu'ils se font l'un de l'autre. Il flotte alors entre eux, pour ainsi parler, je ne sais quelle image d'eux-mêmes, imprécise et brouillée, mais cependant assez ressemblante, ou même dont je ne suis pas bien sûr qu'elle ne fût pas moins fidèle, si les traits en étaient plus caractérisés. »

M. Brunetière, confirme ce que j'avance au début de ce travail, en continuant ainsi : « C'est, en effet, la grande originalité de la littérature espagnole que d'avoir sauvé, dans le temps de la Renaissance, et transmis plus tard au reste de l'Europe, à peu près tout ce qui méritait d'être sauvé de l'idéal du moyen-âge. »

Il conclut, par ce qui suit, trop précieux pour l'union que je préconise, pour que je ne le reproduise pas : « *Nous ne devons que peu de chose à la littérature allemande ; nous devons un peu plus à la littérature anglaise, quoique d'ailleurs son influence ne commence de se faire sentir sur la nôtre qu'avec le XVIII*^me *siècle ; mais nous devons beaucoup à la littérature espagnole et à la littérature italienne, et, sans méconnaître ce que nous devons à la seconde, ou plutôt en in-clinant même à l'exagérer, je ne sais si la pre-mière, l'espagnole, n'a pas encore plus agi, je veux dire plus profondément, et plus continû-ment sur la nôtre.* »

Il était peut-être inutile d'essayer de prouver aussi longuement une des affinités de la France et de l'Espagne ; mais celle de la littérature m'a paru si importante et refléter d'une manière si parfaite l'essence même des deux peuples, ce qu'il y a de plus fin, de plus délicat chez eux, que j'ai pensé que ma démonstration serait plus complète avec ce nouvel argument.

Chaque fois qu'une contestation s'élève entre les deux nations, elle se règle immédiatement à l'amiable ; des commissions sont nommées et leurs décisions sont admises sans discussions diplomatiques. La presse des deux pays expose sans aigreur les différends qui surgissent, pleine de confiance dans l'amitié et l'esprit de justice qui animent les deux puissances [1].

---

(1) Je ne puis résister au plaisir de citer un fait tout à l'honneur de la dignité espagnole qui l'identifie bien avec le caractère français : Il n'y avait pas trente lettres d'Espa-gnols dans les papiers secrets de Napoléon III, trouvés aux Tuileries, sollicitant de l'argent, et ce, malgré la nationa-lité de l'impératrice Eugénie ; tandis qu'il y en avait des milliers d'autres européens qu'il vaut mieux ne pas nom-mer.

Et, enfin, n'avons-nous pas encore tous, présentes à l'esprit, ces nombreuses marques de sympathie de l'Espagne, pendant la guerre de 1870 ? Ses citoyens indignés auraient voulu nous sauver et ne pas assister impassibles à notre écrasement ; aux fausses gloires des allemands, les journaux espagnols répétaient qu'il était odieux de voir dans chaque bataille cinq prussiens contre un français. Et le souvenir de Trafalgar ! cette infortune commune aussi douloureuse qu'imméritée, ne nous unit-elle pas pour toujours ?

La première langue étrangère qu'apprennent les jeunes espagnols est le français et tout naturellement leur goût pour la littérature française et la France se développe avant d'apprendre à aimer les autres nations.

Bien que la politique internationale de l'Espagne semble dirigée vers celle de l'abstention presque complète, je ne puis croire qu'elle doive se désintéresser autant des débats européens ; elle a une mission à remplir, elle est trop grande puissance pour ne pas affirmer son indépendance, tout en marquant ses préférences.

Suivant moi, une alliance avec la France augmenterait considérablement sa force. Cette alliance est toute naturelle, toute indiquée, et le peuple espagnol l'accepterait avec enthousiasme.

Les idées libérales font en Espagne les plus

grands progrès ; la République y a déjà existé ; par malheur elle n'a pas survécu à la laborieuse crise des débuts. La République espagnole n'a pas été sérieusement expérimentée ; on pourrait la comparer aux périodes de la République française de 1848 à 1851 et de 1870 à 1880, pendant lesquelles, celle-ci était administrée [par d'anciens monarchistes et avait à lutter et à triompher des dernières convulsions du parti réactionnaire. L'Espagne n'a pu accomplir ces périodes ; elle les accomplira certainement un jour et comme nous elle n'aura plus qu'à former l'esprit de la nation pour empêcher tout retour des destinées de son peuple dans les mains de dominateurs quelconques.

Et pour conclure, y a-t-il deux pays voisins en Europe qui soient plus intimement liés que l'Espagne et la France ? Je n'en vois aucun. C'est une amitié vraie, généreuse et désintéressée. Nous sommes de sincères amis. Au jour des grandes luttes, nous nous le prouverons mutuellement.

Je crois devoir terminer ce chapitre par ces belles phrases de M. Castelar : « Il faut à tout prix nous confondre, et puisque l'indépendance française n'a plus rien à craindre de l'Espagne et que l'indépendance espagnole n'a plus rien à craindre de la France, élançons-nous les uns vers les autres et confondons-nous dans le travail et le commerce. »

« L'exemple d'une France se gouvernant elle-
même, sans besoin de rois ni d'aristocratie,
éclaircit et avive tellement l'espoir chez tous
ceux qui ont travaillé au droit moderne, que les
esprits les plus élevés et les caractères les plus
fermes entrent, les uns avec leurs idées dans ce
système solaire de la France, les autres avec
leurs forces dans ces légions invisibles, mais
réelles, qui vont, précédant en pensée les légions
du progrès, comme faisaient les anges apocalyp-
tiques dans les batailles religieuses. Quand
j'étais enfant, je disais que je ne pensais pas arriver à l'âge mûr sans voir une Italie indépendante,
dans toute son intégrité territoriale ; je l'ai vue.
Maintenant que je vais vers la vieillesse, je pense
ne pas mourir sans voir la France rentrée en
possession de son Alsace-Lorraine. »

CHAPITRE XIII

ALLIANCE AVEC LE PORTUGAL

Le 11 janvier 1890, le gouvernement anglais envoyait un *ultimatum* au gouvernement portugais au sujet du Zambèze et des possessions portugaises de Mozambique, possessions affirmées par des droits séculaires, historiques et par une colonisation paternelle et bienveillante. — L'Angleterre, brutalement, sans autre raison que le droit du plus fort, s'empare des possessions portugaises qui lui conviennent, et lorsque cette intéressante puissance proteste et se contente de réclamer un arbitrage, le cabinet de Londres répond par un second *ultimatum*. Un pareil procédé est une injure telle, qu'il amène presque toujours la guerre. L'*ultimatum* est l'équivalent du cartel d'autrefois, du gant que le chevalier

jetait dans les fossés du château de son adversaire ; ce gant était toujours relevé dans le sang.

L'Angleterre l'a jeté, parce qu'elle avait la
certitude de ne rien risquer. Lorsque cette puissance s'adresse aux faibles, toutes les duretés
semblent son apanage ; quand elle traite avec
les forts, avec l'Allemagne et la Russie on sait
de quelles douceurs sa conduite est suivie.
D'ailleurs, tous les moyens lui semblent bons,
soit qu'avec ses millions elle achète des traîtres,
comme en Egypte ; soit qu'elle paie des troupes
pour combattre à sa place, comme sous le premier Empire.

Et encore, ce que je viens d'indiquer peut
être classé parmi les moyens les plus honnêtes
employés par l'Angleterre, car sa conduite vis à
vis du Portugal est inqualifiable ; elle lui prend
la navigation du Zambèze, ses droits sur Laurenco,
Marques, Nhassa et le Mashona ; lorsqu'il proteste,
elle lui répond par la voix de Lord Salisbury :
« Nous ne contestons pas la valeur des revendications du Portugal ; elles reposent sur l'histoire ;
mais notre intérêt veut que nous arrachions à
la suzeraineté portugaise une population qui se
développe et des industries qui prospèrent [1]. »

Avec la France, l'Angleterre ne s'est pas gênée

---

[1] Discours de Lord Salisbury au banquet du Lord
maire de Londres en novembre 1890.

davantage, elle s'est emparée de ses droits sur
Zanzibar, en a disposé et à nos réclamations,
elle a répondu tranquillement : « Qu'elle avait
oublié le traité conclu avec nous en 1865. » Elle
a déclaré ensuite regretter cet *oubli* et vouloir
le réparer en nous reconnaissant un morceau de
terre dans un coin de l'Afrique et notre protectorat sur Madagascar ! Notre amour de la paix
nous a fait accepter cette ironique compensation.
Mais quel patriotisme élevé n'a-t-il pas fallu à
notre Ministre des affaires étrangères !

A la République Argentine, elle a pris les îles
Malouines et n'a même pas daigné répondre aux
protestations des ministres argentins. Au Venezuela elle vient d'enlever le delta de l'Orénoque
sous prétexte qu'elle a déjà l'île de Trinidad. La
liste des spoliations anglaises, serait longue, aussi
je m'arrête pour examiner comment les Anglais
agissent vis à vis de ceux qu'ils redoutent. En 1884,
l'Allemagne occupe la baie d'Angra-Sequena, que
les Anglais avaient déclaré appartenir à leur gouvernement du Cap ; ils réclament et M. de Bismarck leur fait savoir, le 14 avril 1884 : « que des
prétendus droits de leur colonie anglaise, il ne
tiendrait aucun compte. » L'Angleterre accepte
gracieusement la réponse du Chancelier de fer.
Vis-à-vis de la Russie, l'attitude du Royaume-Uni
est encore plus humble. Son gouvernement reçoit
en tendant la joue, les soufflets diplomatiques

que le Czar veut bien lui appliquer, quitte à lui porter sournoisement tous les coups possibles. Plate avec les forts, hypocrite avec ses égaux, d'une insolence ridicule avec les faibles, voilà l'attitude de l'Angleterre, cette éternelle ennemie du repos de l'Europe.

Le Portugal est la dernière victime du *Léopard* affamé ; il est donc à même de s'entendre avec la France, que ses récents malheurs ont forcé à supporter les affronts de Zanzibar, de l'Egypte, l'abandon de 1870, etc., etc. Aussi me semble-t-il logique d'affirmer une fois de plus que l'Espagne, le Portugal et la France doivent s'unir ; affinités de langue, de mœurs et leurs malheurs les rapprochent ; elles ont la même ennemie et contre elle les mêmes revendications morales et matérielles à soutenir.

Leur dignité a été affreusement outragée et il a fallu, je le répète, aux hommes de leurs gouvernements un patriotisme à toute épreuve pour résister aux vexations du cabinet de Londres. Les peuples latins ne sont pas des esclaves, et le seraient-ils, que le fouet du dominateur ne doit jamais être oublié.

Un jour de suprème justice, se lèvera pour l'Angleterre comme pour sa digne alliée, l'Allemagne, et leur apprendra ce qu'il en coûte d'insulter les faibles, en rampant devant les forts.

Au Portugal, on est particulièrement francophile, et si l'on y a été anglophile, ce n'est que par la force. Une des preuves les plus agréables à citer est certes l'élection du major Serpa Pinto, un cœur français celui-là! et qui ne néglige aucune occasion de manifester en faveur de la France. L'école polytechnique, l'école de droit portugaises sont amies de la France.

A Paris, le Portugal est représenté par S. E. Monsieur Emygdio Navarro, ancien ministre des travaux publics, du commerce et de l'agriculture, fonctions dans lesquelles il s'est signalé par de larges initiatives et d'importantes réformes. Depuis sa sortie du Ministère il était devenu le leader du parti progressiste à la Chambre des députés où il n'a pas cessé de siéger depuis douze ans.

Bien qu'il soit un monarchiste convaincu, M. Navarro est un progressiste sincère. La France a toujours rencontré près de lui des sympathies profondes. C'est à ses efforts, comme ministre du commerce, qu'est due la participation du Portugal à la dernière Exposition universelle de Paris. Le gouvernement de la République Française a reconnu ses bons offices en lui conférant la dignité de grand-officier de la Légion-d'honneur.

Le choix d'un pareil diplomate pour représenter le Portugal à Paris est une des meilleures preuves de sympathie que ce pays puisse donner à la France.

La France rend bien son amitié au Portugal.

Plusieurs membres républicains du Parlement français [1] ont élevé la voix en sa faveur au moment des duretés inqualifiables de l'Angleterre. Un de nos députés [2] s'est même offert à le défendre, en disant : « Je serais on ne peut plus heureux de contribuer à la défense du plus faible contre le fort. Ce faisant, je défendrais la cause la plus noble et la plus juste. »

Après avoir rendu hommage à qui de droit, je pourrai parler plus à mon aise de ce que nous, Français républicains, aimons sincèrement au Portugal.

Dans ce pays, comme en Italie et en Espagne, l'idée républicaine fait de tels progrès dans l'esprit du peuple, qu'un des membres les plus éminents et les plus distingués du parti républicain portugais disait récemment : « Nous avons la certitude d'être en république quand nous voudrons ; mais comme nous sommes patriotes avant tout, nous attendrons que les difficultés soient applanies avec l'Angleterre [3]. »

Il n'y a pas longtemps M. Magalhaes Lima, champion de l'idée républicaine au Portugal,

----

(1) M. Jules Gaillard, député de Vaucluse, entre autres.

(2) M. Eugène Farcy, député de Paris.

(3) Un ministre anglais disait dernièrement : « Une révolution en faveur de la République portugaise est immanquable et à brève échéance. »

disait à un éminent publiciste français : « La République se fera probablement au Portugal comme au Brésil, sans secousses, sans verser une goutte de sang, par la volonté nationale. »

Ce républicain portugais parlait sincèrement. Je ne doute pas un seul instant que son parti ne possède des hommes de talent, estimés des monarchistes eux-mêmes et qui seraient capables de diriger le gouvernement de Lisbonne, s'il était républicain. On pourrait en citer beaucoup dignes d'être plus tard de remarquables hommes d'Etat. Les étudiants de la génération actuelle ont une très grande valeur. Ceux-là préparent également des pléiades d'hommes aptes à remplir les plus hautes fonctions. Des organes sérieux soutiennent la cause libérale et poussent les foules à la République. Malgré les entraves à la liberté de la presse, ils produisent un grand effet. La chute de dom Pedro au Brésil a porté un coup sensible à la monarchie portugaise : il est à prévoir qu'elle ne s'en relèvera pas.

Ici je fais une digression bien naturelle. Si la République n'est qu'une question de temps et de peu de temps pour le Portugal, il est facile de prévoir qu'un pareil évènement se produira ensuite en Espagne ; on conçoit alors combien l'union deviendrait intime avec la République Française et combien l'Italie, si libérale au fond, regretterait amèrement ses alliances actuelles. En pareille occurence, elle comprendrait encore mieux, que la *Triple Alliance* n'a été qu'un leurre et plus une garantie de la sûreté du trône de Savoie, que de l'intégralité et de la grandeur de la nation italienne.

A l'Italie, à l'Espagne, au Portugal, qu'ils soient en monarchie ou en république, je me permets de répéter et de dire bien haut : « Votre intérêt, le sentiment de la race, vous poussent vers une union avec la France, laquelle ne veut dominer aucune nation, mais marcher à côté de toutes et surtout de ses sœurs latines. »

Pour finir ce chapitre, je répéterai ce que bien des Portugais disent souvent : « Les Anglais ont toujours été pour nous des vampires. Pendant l'invasion française, sous Napoléon Ier, nous avons incomparablement plus souffert de nos alliés, les Anglais, que des Français. »

Nous n'avons donc jamais été les ennemis des Portugais, puisqu'à l'époque où nous étions leurs adversaires nous leur faisions moins de mal que leurs alliés. Aujourd'hui nous sommes franchement leurs amis, c'est-à-dire plus que si nous étions à notre tour leurs alliés.

CHAPITRE XIV

ALLIANCE AVEC LA GRÈCE

—

A cette puissance je ne parlerai pas longtemps d'alliance avec la France, ce serait lui faire injure. Le roi actuel n'a pas oublié, j'en suis sûr, combien nous avons contribué à son établissement ; la nation grecque n'a pas oublié non plus, que la France a été la première à prendre part à sa formation et qu'elle l'a toujours soutenue.

Une des meilleures preuves de ce que j'avance a été donnée par le célèbre homme d'Etat, Jean Colettis [1], dans la lettre qu'il a écrite à un de

(1) Colettis (Jean), né en 1784, mort en 1846. De 1821 à 1828 il fut membre des gouvernements provisoires de la Grèce, remplit successivement sous le roi Othon les fonctions de ministre de la marine et de l'intérieur et de plénipotentiaire à Paris (1836-1843). Il fut rappelé après la Révolution de septembre 1843 et contribua puissamment à fonder en Grèce le gouvernement représentatif. Premier ministre en 1844, il sut concilier les intérêts de la liberté avec ceux du pouvoir. A la fois guerrier et administrateur, Colettis rappelait les beaux types de la Grèce ancienne.

ses amis de France, **M.** Julien, en 1843. Cette lettre vient d'être reproduite dans la *Nouvelle Revue* (1er mars 1891).

Après avoir dit qu'il admire cette France si belle, si puissante, si riche, si tranquille, il ajoute : « *C'est l'exemple de la France seule que nous devons suivre ; c'est sur ses traces que nous devons marcher ; bien que de loin. Il y a entre la France et la Grèce une affinité de besoins, de tendances, qu'une constitution à peu près semblable doit rendre encore plus intime.* »

« *La Grèce est une fille de la France, ayons confiance dans l'avenir de la Grèce. Dieu la protège comme il protège la France.* »

Il y a peu d'années encore, M. Delyanis, proclamait, aux applaudissements des Chambres helléniques, que nous avions été la seule puissance qui n'ait pas participé au blocus brutal que l'Europe avait imposé à la Grèce.

En 1878, le 5 juillet, grâce aux instances de M. Wadington, ministre de France au Congrès de Berlin, les vœux de la Grèce furent pris en considération, car l'Angleterre qui avait obtenu d'elle ce qu'elle voulait, la soutenait sans grande vigueur. La France, au contraire, l'appuyait énergiquement. Grâce à elle, le gouvernement d'Athènes obtint la promesse de recevoir environ la moitié de l'Epire et de la Thessalie et l'autorisation de réorganiser les provinces helléniques encore sous la domination des Turcs [1].

Tout ce qui précède est pour établir ceci : que l'entente et l'union entre la France et la Grèce ne sont pas de vains mots. En France, plus que partout ailleurs, nous croyons à l'avenir de la Grèce convaincus que nous sommes des remarquables qualités natives des Grecs et du brillant avenir de leur pays.

Dans une remarquable étude [2] de M. G. Walbert, je lisais : « *Le Grec est né pour tout faire et tout apprendre.* » Cette étude pourrait être citée toute entière. C'est un vrai tableau de la Grèce contemporaine, tableau qui restera, car il a été fait à une époque marquante dans l'histoire de la Grèce actuelle ; aussi vais-je faire de nombreux emprunts à M. Walbert : « Si Athènes n'est plus une grande école d'art et de philosophie, Athènes est une ruche qui envoie dans l'Empire ottoman comme un essaim d'instituteurs et d'institutrices chargés de répandre sur tous les rivages les souvenirs et les espérances de la Grèce. La propagande que font ces instituteurs a d'autant plus d'effet qu'ils ont le bonheur d'exprimer leurs pensées dans un

---

(1) *Histoire diplomatique,* par M. Debidour, tome II, page 527.

(2) *Revue des Deux Mondes,* 1er septembre 1880.

idiome qui ressemble chaque année davantage à la plus belle langue que les hommes aient jamais parlée. »

Par malheur, comme les Italiens et les Allemands, les Grecs ont aussi leur rêve qui n'est pas au bénéfice de la collectivité des nations ni même de l'Europe ; c'est de reconstituer l'empire de Byzance à Constantinople, et depuis que cette idée leur a été habilement insinuée, ils se sont affaiblis. Les questions vitales de la nation passent après celles de ce rêve ; cela permet au gouvernement d'entretenir sans cesse le préjugé patriotique et d'avoir une armée tout à fait hors de proportion avec les ressources budgétaires ; de là une situation financière des plus gênées. Tout comme un vieux pays, cette jeune société connaît les déboires des emprunts et des dettes. L'ambition de devenir un grand empire lui fait oublier les routes et les chemins de fer, le commerce et l'industrie, ce qui fait dire, avec beaucoup de justesse, à M. Walbert : « A quelles conditions le royaume hellénique pourrait établir l'équilibre de son budget ? Personne ne peut le savoir, a dit fort sensément un Anglais. Les finances grecques dépendent de la politique grecque et la politique grecque dépend du bon plaisir de l'Europe. »

Je crois aussi que l'avenir de la Grèce est dans celui de l'Europe et comme je pense avoir suffisamment prouvé que rien de durable ne se fait sans la politique du droit et de la justice, j'ose dire à la Grèce : « Choisissez comme amis, comme soutiens ceux qui vous ont déjà aidés, ceux qui sont de votre race, de votre famille et ne veulent que votre bien : ceux-là sont les peuples latins. Vous vous inspirez, avec une juste fierté, des Athéniens de l'antiquité qui ont laissé au monde le souvenir inoubliable d'une République modèle. Alliez-vous donc aux nations qui ont déjà rétabli ou rétablissent les principes de ceux qui vous ont précédés ; contribuez de toutes vos forces à la réalisation de la Confédération européenne en formant la Confédération latine. La bizarre tutelle que l'Europe exerce sur vous, cessera du jour où vous entrerez dans cette union des nations-sœurs. Tous les nobles sentiments qui vous animent, loin d'y être froissés, s'y développeront au contraire et votre force en sera centuplée. Jamais Berlin ne vous accordera la liberté que vous désirez et s'il vous la donne un jour, ce sera pour vous faire porter d'autres chaînes beaucoup plus lourdes. »

CHAPITRE XV

RÉSUMÉ DE LA POLITIQUE DE SENTIMENT

M. Henry Fouquier, dans un article intitulé
« *L'Attente* » disait : « Dominant les alliances
mêmes, les liens de famille, les calculs de chan-
cellerie, il y a une question de race qui pèse sur
la politique européenne et qui prépare, pour un
avenir peut-être très rapproché, un équilibre
nouveau à établir, où la race latine et la race
slave devront limiter l'influence trop envahis-
sante de la Germanie. »

Je n'aurais pu mieux dire pour le début de ce
résumé dans lequel par bonheur le sentiment et
l'intérêt ne seront pas en désaccord ; bien au
contraire.

En effet, les intérêts de la France et de l'Italie
sont assez palpables : la discussion si laborieuse
du traité de commerce en est la preuve.

Les milliers de familles italiennes établies en France et réciproquement, attendent avec anxiété l'accord des cabinets de Rome et de Paris. Le commerce, l'agriculture, l'industrie pressent leurs gouvernements respectifs. Il est temps d'en finir. De graves intérêts militent, j'en suis certain, en faveur d'un accord entre les deux pays. La conclusion d'un traité de commerce serait la fin de la crise économique pour l'Italie. Ce serait le marché financier de Paris ouvert à ses emprunts dont les sommes seraient employées à faire fructifier les immenses ressources de son territoire. Au lieu de couvrir la Péninsule de forteresses et de chemins stratégiques, ce serait le développement de sa marine commerciale et le décuplement de la valeur des produits agricoles. C'est alors qu'apparaîtrait une nouvelle ère d'échanges et de bonnes relations entre les deux nations latines; que leurs richesses, leurs forces, devenues communes, n'auraient plus qu'un seul adversaire : l'Anglo-Saxon.

Enfin, l'union des pays latins se recommande d'elle-même. L'histoire et les faits présents nous prouvent que leur race a toujours vu diminuer son influence par sa désunion, pour le plus grand bénéfice de l'Allemagne et de l'Angleterre.

Je crois avoir démontré suffisamment : que l'Italie sera anéantie par l'Allemagne si elle continue son alliance avec elle.

Que l'Espagne a un cancer qui s'appelle Gibraltar par où ses douanes perdent le plus clair de leurs revenus.

Que le Portugal a dernièrement subi de la part de l'Angleterre, une spoliation difficile à qualifier.

Que la Grèce doit plutôt son établissement à la Russie qu'à la Grande-Bretagne, son roi et son affermissement à la France, qu'elle ne peut s'allier à l'Angleterre (toujous prête à l'absorber et ou à la sacrifier à la Turquie), qu'elle doit être l'amie de ses bienfaiteurs naturels : la Russie et la France, et qu'enfin elle y gagnerait, comme l'Italie, son unité complète et définitive.

Ces quatre nations doivent donc s'unir à nous pour résister à cette formidable alliance de l'Allemagne, de l'Autriche et de l'Angleterre, toutes trois enclines à toutes les spoliations ; elles éviteront ainsi l'asservissement des races latines par un nouvel Empire d'Orient et d'Occident, dont le maître serait à Berlin.

C'est par sentiment avant tout et par intérêt ensuite que je voudrais voir réussir l'union de la race latine et, bien entendu, comme je l'ai dit précédemment, sans aucune prépondérance de l'une sur l'autre.

La Russie pourrait être l'amie de cette union latine ; car elle sait qu'elle trouverait les nations qui la composeraient toujours prêtes à faire avorter les ambitions anglo-allemandes.

Les républicains français et italiens ont le droit de désirer cette union avec plus d'autorité que personne, parce qu'ils ne veulent pas la domination des Etats européens par une puissance quelconque, mais bien une Confédération, une union sincère et loyale des peuples de l'Europe, solution seule possible et durable. En attendant, rêvons et travaillons à l'union des pays latins.

Il y a des moments où les peuples, où les nations doivent marquer l'étape faite, la comparer aux précédentes et songer à celles de l'avenir.

La France et la race latine sont-elles à un de ces moments ? La réponse n'est pas douteuse. On peut même affirmer que *nous sommes à une époque où les relations pacifiques entre les puissances ne sont guère autre chose, en fait, qu'une trève susceptible d'être dénoncée à tout moment* [1].

Oui, ce moment est arrivé. On pourrait dire qu'il est grave, solennel, car il s'agit de progresser, de faire occuper à la race latine sa place à l'avant-garde de l'évolution sociale et intellectuelle, ou de la laisser naufrager.

Quels périls à affronter ! quelles luttes à soutenir ! quelles souffrances ne faudra-t-il pas endurer pour retrouver ce moment si l'on ne sait pas en profiter !

---

[1] Holtzendorff.

Pour la France, les dernières étapes faites sont tristes et bien douloureuses ; mais, aussi comme elles l'ont retrempée ! de 1870 à 1875, aucun déchirement, à l'intérieur comme à l'extérieur, ne lui a manqué, conséquences fatales des années précédentes ! de 1875 à 1880, l'anémie a commencé à disparaître pour faire place de 1880 à 1890 à une santé s'améliorant sans cesse.

Forte aujourd'hui, elle se recueille. Elle entend tout, elle voit tranquillement venir ses redoutables adversaires, se contentant de répondre avec le plus grand calme à leurs provocations, fièrement appuyée sur son épée qu'elle ne dissimule pas ; contrairement à ses ennemis qui l'excitent en cachant la leur derrière un faux amour de la paix.

Quel singulier spectacle offrent les ennemis de la France ! Ils sont organisés en une troupe où chacun joue le plus habilement possible son triste rôle. Ils rôdent, ils cherchent à la surprendre, elle qui n'a qu'à se retourner de temps à autre pour les regarder en face ; ils voudraient bien la prendre en traître ! mais son attitude les rend honteux et c'est en vain qu'ils se cachent dans la crainte que les spectateurs, plus ou moins intéressés, ne les accusent de lui en vouloir *quand même* ; leur conduite, aujourd'hui, est démasquée, leurs visées sont connues, aussi ont-ils déjà, l'attitude piteuse des familiers des grandes routes qui ont manqué leur coup. Ah ! comme ils voudraient fondre sur cette France qu'ils abhorrent. En attendant, ils l'enserrent de tous côtés. L'Angleterre, l'Espagne, la Belgique, la Suède sont circonvenues par leurs artifices. Sans la fière et noble attitude de la Russie, l'Europe serait depuis longtemps en feu.

L'étape à parcourir est sérieuse. La France a sa voie toute tracée ; elle doit rester sur la défensive.

Faut-il que les autres pays de race latine marchent à son encontre ? Le Portugal n'est que trop fixé par la conduite de l'Angleterre ; l'Espagne souffre trop de la pénible domination des Anglais, par leur présence à Gibraltar, son Calais à elle ; l'Italie ne doit pas oublier que l'Angleterre et l'Allemagne l'ont toujours dupée et asservie ; ils ne peuvent donc pas manquer cette étape, moralement et matériellement il faut qu'ils soient avec la France. L'Italie surtout, qui, en cas de défaite, serait encore plus complètement abandonnée et dont la conduite, toute d'intérêt aujourd'hui, en inspirerait une semblable à la France qu'elle a si malmenée depuis quelque temps et qui serait fondée à exiger des garanties complètes pour l'avenir.

M. Crispi concluait, dans son discours de Florence, en novembre 1890, par : « *Intérêts de l'Italie avant tout.* »

Et quand M. de Cavour demandait autrefois le concours de la France, il invoquait principalement la question de race [1], les *sentiments de justice, d'équité, avant tout.*

La France, à son tour, devant l'anéantissement de l'Italie par ses propres alliés exigerait des garanties pour éviter le retour d'une Italie hostile et dirait : *Mes intérêts avant tout ;* et l'Italie supplierait, discourrait, en assurant comme autrefois, pour fonder son unité que : *Les sentiments doivent seuls guider les gouvernements et les nations.*

J'ai donc raison de constater que le moment solennel est arrivé surtout pour le peuple italien. Qu'il prenne garde ! s'il fait fausse route aujourd'hui, il court à sa perte. L'étonnante période parcourue par son gouvernement de 1850 à 1888 sera sûrement effacée par celle qui va suivre. De même que l'Allemagne veut notre asservissement, nous voulons notre indépendance et pour y arriver je dis franchement à l'Italie : « La France vous a faite en se perdant ; elle ne le regrette pas. Sans vous et même contre vous, mes compatriotes croient pouvoir aujourd'hui défendre la Patrie ; mais je vous demande avec

---

(1) A cette époque M. le général Marselli, chef de l'Etat-Major italien n'aurait pas traité, comme il l'a fait depuis, l'union des nations latines, de *niaise sentimentalité.*

eux, au nom des plus nobles sentiments, d'être
avec nous contre ceux qui vous abusent et vous
briseront plus tard. Cet appel vous est fait en
toute sincérité, du plus profond du cœur. »

Quelle sera la réponse de l'Italie ? Tout lui
commande de la faire conforme à la question et
de faire cesser le malaise actuel, la lutte sourde
de tous les jours qui n'a déjà que trop duré.

Pour préciser, je rappellerai les paroles adres-
sées à M. Crispi par un italien habitant ordinai-
rement Paris : « Eh bien ! les Français veulent
nous manger, insinuait M. Crispi. » — « Pas du
tout ; ils pardonnent à M. Crispi sa politique
allemande. Mais ce qu'ils ne lui pardonnent pas,
c'est de vouloir, en même temps, que nous vivions
en bons voisins avec eux. Les Français ne comprennent pas ce double jeu. » Dure réponse
que M. Crispi a dû méditer bien souvent. La
réalité des faits doit lui apparaître sans misé-
ricorde dans son passé, sans issue dans son avenir [1].

A l'appui de ce dernier appel à l'Italie, je crois
bon de reproduire plusieurs passages d'une lettre
écrite par la *Société des amis de la Paix* à M. di
Rudini, président du conseil des ministres d'Italie.
Les voici :

« Le rapprochement que nous avons toujours

---

[1] *Voyage au pays du déficit*, Neukomm.

ardemment souhaité entre deux nations que rien ne saurait désunir, a fait, grâce à vous, de ce côté des Alpes de remarquables progrès. »

« A cette occasion qu'il nous soit permis, monsieur le Ministre, de présenter à vos yeux, à ceux de vos collègues, de S. M. le roi Humbert et des pouvoirs publics de votre nation, les déclarations suivantes que nous affirmons solennellement être la vérité, en réponse aux contre vérités que des feuilles fort mal inspirées de Rome et d'autres villes propagent pour obtenir contre la France des préventions également contraires aux intérêts des deux pays. »

« 1° Il est absolument inexact que la nation française soit jalouse des progrès de la nation italienne en tous genres. L'immense majorité des Français attend, au contraire, une action efficace, pour le progrès humain, de la part de votre pays agissant d'accord avec le nôtre, ce qui, par la force des choses, devra infailliblement arriver tôt ou tard ;

« 2° Personne en France n'a de vues quelconques sur la Tripolitaine. Notre domaine africain est déjà si vaste, que l'étendre encore serait nous affaiblir plutôt que nous fortifier ;

« 3° Au contraire, si des circonstances encore imprévues, mais cependant possibles, amenaient un protectorat italien sur la Tripolitaine, nous y applaudirions, dans l'intérêt de la civilisation ;

et, dans ce cas, la France s'appliquerait certainement à établir avec votre protectorat tripolitain, les conditions de bon voisinage les plus solides et les plus durables ;

« 4° Les catholiques ultramontains, qui rêvent le rétablissement du pouvoir du pontife romain forment en France une minorité extrêmement petite. C'est présenter les faits de la manière la plus fantaisiste que de voir dans ce nombre extrêmement restreint, l'esprit de la nation française, très favorable, dans son immense majorité, à l'unité italienne ;

« 5° Avant la Triple Alliance, les dispositions amicales de la France envers l'Italie, étaient presque unanimes. La Triple Alliance a amené, il est vrai, un notable refroidissement ; ce qui était parfaitement concevable, les dispositions de ce pacte secret n'étant, dans leur esprit, sinon dans leurs termes, un secret pour personne. Aujourd'hui, depuis votre avènement au pouvoir, et depuis les dernières élections italiennes, ce grief s'oublie tous les jours, parce que l'on est convaincu que si le pacte existe sur le papier, il n'a, pour cent raisons, aucune chance de devenir exécutable ;

« 6° En conséquence, Monsieur le Ministre, nous formons le vœu de voir le gouvernement italien accentuer de plus en plus son rapprochement avec notre pays. Les bonnes dispositions de la France envers l'Italie ne pourront que s'accroître et s'accentuer davantage, jusqu'à une entente complète inclusivement, pour la prospérité et la grandeur des deux nations ; en attendant un *idéal européen supérieur*, qui étendra davantage encore les horizons de la paix. »

On ne saurait inviter plus amicalement l'Italie à quitter la Triple Alliance ; si elle refuse, nous aurons le droit de lui dire : « Vous persistez à être l'alliée d'une puissance qui veut notre perte, non pour vous sauver, mais pour jouer le rôle de troisième larron. Nous devons donc nous défendre de ce danger par tous les moyens qui sont en notre pouvoir. »

« Votre aveuglement nous force à assurer notre sécurité, sans nous soucier de la vôtre ; nous le regrettons, mais c'est une nécessité impérieuse pour notre avenir, de plus, nous voulons les Etats-Unis latins, nous y travaillerons sans vous et même malgré vous en attendant que nous puissions fonder ceux d'Europe. »

Et en réalisant ce qui semble à tort un rêve pour les uns, mais à juste raison un programme pour les autres, nous accomplirons une œuvre philosophique éminemment morale et qui préservera l'avenir de cette terrible succession de guerres, qui ne servent qu'à produire des Etats fictifs sans cesse compromis et à semer la mort et la ruine.

Je ne veux pas terminer ce trop long résumé

sans affirmer qu'il serait déplorable, que la plus belle conception de notre siècle, que le plus grand pas qui pourrait être fait vers l'émancipation humaine, ne puissent être accomplis par suite de l'aveuglement d'un peuple dont le premier devoir serait de contribuer à la délivrance de l'Europe entière comme on a contribué à la sienne.

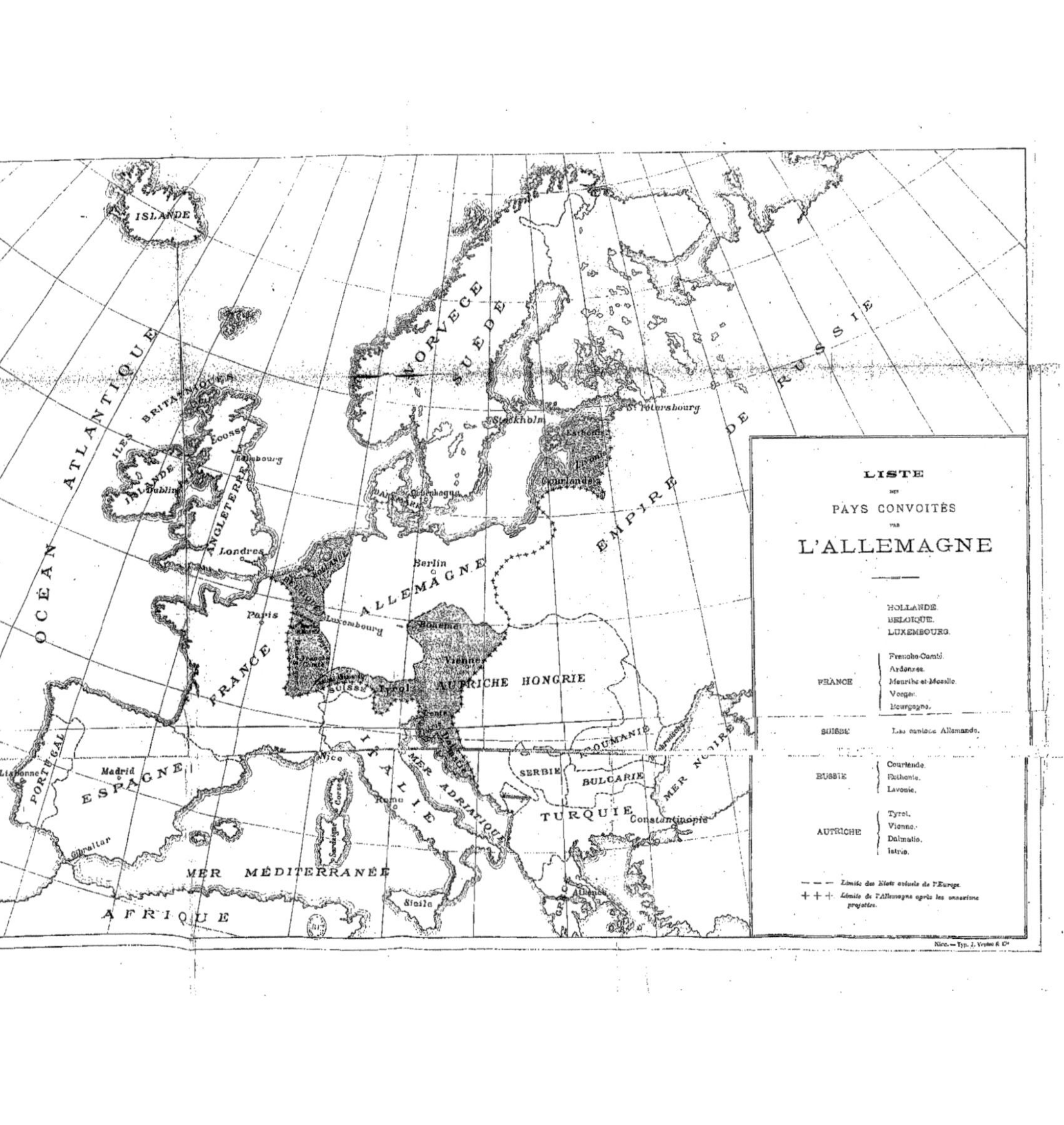
ISLANDE
OCÉAN ATLANTIQUE
ÎLES BRITANNIQUES
Écosse
Edinbourg
Irlande
Dublin
ANGLETERRE
Londres
NORVÈGE
SUÈDE
Stockholm
St Petersbourg
EMPIRE DE RUSSIE
Courlande
Copenhague
Berlin
ALLEMAGNE
Paris
Luxembourg
Bohême
Vienne
FRANCE
SUISSE
Tyrol
AUTRICHE HONGRIE
PORTUGAL
Lisbonne
ESPAGNE
Madrid
Gibraltar
Nice
ITALIE
Corse
Sardaigne
Rome
MER ADRIATIQUE
ROUMANIE
SERBIE
BULGARIE
MER NOIRE
TURQUIE
Constantinople
MER MÉDITERRANÉE
Sicile
AFRIQUE
LISTE
DES
PAYS CONVOITÉS
PAR
L'ALLEMAGNE

HOLLANDE.
BELGIQUE.
LUXEMBOURG.

FRANCE
Franche-Comté.
Ardennes.
Meurthe-et-Moselle.
Vosges.
Bourgogne.

SUISSE
Les cantons Allemands.

RUSSIE
Courlande.
Esthonie.
Livonie.

AUTRICHE
Tyrol.
Vienne.
Dalmatie.
Istrie.

— — — Limite des États actuels de l'Europe.
+ + + Limite de l'Allemagne après les annexions
        projetées.

Nice. — Typ. J. Ventre & Cie

DEUXIÈME PARTIE

___

POLITIQUE D'INTÉRÊT

___

PRÉFACE

___

Après vingt ans d'une orgueilleuse et bruyante exhibition de gloire, l'Allemagne s'est réveillée en 1889 beaucoup plus faible qu'elle ne le pensait. Malgré son système d'alliances, elle a constaté, non sans effroi, qu'elle se trouvait presque isolée.

Son alliée, l'Italie, lui avait avoué qu'elle ne pouvait aller plus loin; qu'il lui fallait la guerre ou cesser sa ruineuse participation à la Triple Alliance. L'Allemagne, inquiète de cette situation, a, comme en 1870, mis tout en œuvre pour rallier la Russie à sa cause ; mais ce n'est un mystère pour personne, Guillaume II, malgré sa valeur personnelle et ses grands talents de séduction, a échoué complètement ; on n'a pas encore oublié en Russie le congrès de Berlin où l'Angleterre et l'Allemagne s'unirent si étroitement pour lui enlever tout avantage et lui imposer une paix désastreuse. Le cabinet de Berlin a eu beau essayer de se rapprocher ensuite de celui de Londres pour intimider la Russie et l'amener à composition ; rien n'y a fait. Alexandre III en face de Guillaume II, amiral anglais, est devenu encore plus réservé, disons le mot, plus défiant. C'est alors que l'empereur d'Allemagne est revenu à la Triple Alliance et a dit à l'Italie dont la situation précaire le contrariait fort : « Faites au plus vite vos élections ; faites-les bonnes pour que votre nouvelle Chambre vote sans retard les nouveaux impôts et toutes les dépenses nécessaires, non seulement au maintien de l'armée actuelle, mais à une formidable augmentation de cette armée. »

Le grand chancelier d'Allemagne, M. de Caprivi, prit la peine de venir lui-même passer trois jours à Milan avec M. Crispi, dix jours avant les élections générales. Ces élections générales eurent lieu le 23 novembre 1890, et les journaux officiels de M. Crispi proclamèrent, dans l'intérêt de leur maître, qu'il avait une très forte majorité dans le nouveau parlement. Cependant dès le mois de janvier suivant, huit jours à peine après les premiers travaux de la Chambre italienne, M. Crispi s'aperçut bien vite qu'il n'était plus écouté et qu'il n'obtiendrait ni impôts nouveaux, ni emprunts ; il en informa immédiatement ses alliés et vers le milieu de janvier, tous les grands journaux anglais, allemands, autrichiens et italiens furent pris subitement d'un amour immodéré de la paix ; des torrents d'encre furent versés en faveur du désarmement. Oh ! cela ne dura pas longtemps, huit jours à peine ; juste le temps de s'apercevoir de la froideur générale. C'est surtout en Russie que l'on ramena l'Allemagne à la pudeur, en lui disant : « Pour opérer le désarmement il faut commencer par supprimer les causes qui ont produit l'armement. » Aussi le 31 janvier M. Crispi était-il renversé.

Si cette chute, bien que prévue depuis longtemps, produisit une certaine émotion à Paris et même à Londres, elle fut plus cruellement ressentie à Berlin et à Vienne que partout ailleurs. L'Autriche commença à comprendre que le vaisseau de la Triple-Alliance craquait de tous côtés ; que l'influence de la Russie augmentait chaque jour dans les Balkans au détriment de la sienne. Fortement inquiète, elle crut prudent d'envoyer aussitôt l'archiduc Charles, prince héritier de l'empire, passer huit jours à St-Pétersbourg où, quoi qu'en aient dit les journaux allemands, il fut très cordialement reçu. Le but de ce voyage était certainement d'éviter le renouvellement de la Triple Alliance, d'essayer de conclure, si non, une alliance russe, du moins d'initier des relations amicales permettant à l'empereur d'Autriche de vivre plus indépendant entre l'Allemagne et l'Italie par une amitié apparente avec Alexandre III. C'est alors que la France assista avec stupéfaction aux cajoleries les plus significatives de l'empereur d'Allemagne.

Notre grand peintre Meissonnier meurt, Guillaume II éprouve le besoin d'envoyer des compliments de condoléances à l'Institut de France. Dans l'espace de trois semaines l'empereur d'Allemagne se rend personnellement quatre fois à l'ambassade française. Il fait inviter tous les peintres français à l'exposition de Berlin, et pour mieux réussir il n'hésite pas à envoyer à Paris l'impératrice Frédéric, sa mère, pour visiter nos grands artistes [1]. Un de nos généraux, M. de Boisdeffre,

---

[1] Il eut été profondément triste de voir à Berlin les tableaux de nos peintres, qui ne représentent que des

reçoit de Guillaume II une lettre de huit pages
écrite entièrement de sa main et relative aux
guerres d'Annibal. Le 22 février on enterrait à
Neuf-Brisach un capitaine en retraite, son fils,
lieutenant au 60e de ligne à Besançon, pouvait
suivre en uniforme le convoi de son père. Par un
ordre spécial, le colonel allemand commandant
la place suivait le cercueil accompagné de trente-
deux de ses officiers.

Tous ces faits se sont passés dans l'espace
d'un mois, pendant que le prince héritier d'Autriche était reçu par l'empereur Alexandre, que
M. Crispi retournait à ses chères études et que
l'Italie diminuait ses effectifs et suspendait ses
armements.

Tout cela est caractéristique. Après les menaces, les caresses. Gare au retour des menaces
alors que les caresses n'ont pas réussi.

---

défaites, auprès des *étonnantes* peintures allemandes, qui
ne représentent que des victoires.

L'ouvrier, le paysan français, encore moins les Alsaciens-
Lorrains qui luttent si courageusement, n'auraient pu
comprendre de pareilles subtilités. Sourire et festoyer à
Berlin quand deux de nos provinces souffrent si cruellement,
c'était un spectacle impossible et comme le dit si bien
M. Elbert : « On ne peut reprocher à la France de porter
son deuil, car un deuil bien porté inspire le respect à tous.»

Mais pour l'instant, voyons ce qui est et non ce que nous désirons. A mon avis, n'hésitons pas à répéter souvent que nous ne sommes plus des dupes, 1891 est en avance de vingt et un ans sur 1870, et nous devons profiter des dures leçons du passé.

La Triple Alliance est faite, dit-on, sous l'hypocrite prétexte d'empêcher la guerre, de consolider la paix, d'assurer la tranquilité générale, et aussi dans l'intérêt public et de l'état social, etc., etc.

Il serait plus exact d'affirmer qu'elle est conclue par ceux qui veulent rendre impossible à leurs victimes la reprise des biens soustraits et pour conserver la paix jusqu'au moment propice de les anéantir complètement.

Une de ces victimes, l'Autriche, se trouve dans cette alliance par la crainte d'une attaque de la Russie, qui pourrait compromettre gravement son homogénéité. Elle s'associe avec plus ou moins de répugnance à l'Italie et à l'Allemagne contre la France, qui se tient calme, prudente et forte en face de ces trois alliées, comme une vivante protestation des duperies dont elle a été l'objet.

La France ne peut être accusée de troubler la paix de l'Europe ; depuis son écrasement, en 1815, où elle fut lâchement sacrifiée par jalousie et par intérêt, elle a laissé l'Europe tranquille. Ce n'est qu'au bénéfice de l'Angleterre qu'elle est allée en Crimée en 1855-56 ; ce n'est qu'à l'avantage de l'Italie qu'elle s'est battue en 1859. En 1870 elle a dû se battre, non pas comme il a été dit, par folie, par bravade, mais parce qu'elle y a été poussée par la Prusse qui n'a cessé de la provoquer, par cette Prusse haineuse qui, depuis Frédéric II, nous a poursuivis avec acharnement ; la guerre de 1870 était voulue, préparée depuis longtemps, la Prusse nous l'a fait déclarer et Guillaume II vient de l'avouer dans son discours de fin novembre 1890, car il a dit : « Depuis 1860 le maître d'école allemand avait préparé ses élèves à reconquérir l'Alsace et la Lorraine. »

Toujours la duperie, la haine et le mensonge dans la diplomatie allemande ; jamais aucun repos en Allemagne, nation âpre à la curée depuis un siècle et demi ! Ce langage peut paraître un peu vif dans certains milieux ; il est cependant des plus justes si on veut bien se rappeler quelques uns des actes importants accomplis par la Prusse et le Chancelier de fer : en 1859 la Prusse veut déjà nous combattre dans l'espoir de nous vaincre au sortir de la guerre d'Italie qui nous avait affaiblis. En 1865, M. de

Bismarck vient à Biarritz exciter Napoléon III à prendre la Belgique [1], et jusqu'à Sadowa, il ne cesse de nous accabler de promesses, qu'il retire peu à peu ; en 1867 il s'engage formellement pour le Luxembourg, puis il fait semblant de se trouver débordé par le parti militaire allemand et par le roi Guillaume I*er* *son maître*. Cette attitude nouvelle nous force à la guerre ou à accepter la conférence de Londres qui déclare la neutralité du Luxembourg ; l'acceptation de cette

---

[1] *Le Tagblat*, de Vienne, a publié à l'occasion de l'anniversaire de Kœniggraetz, la lettre suivante adressée par le général Türr à M. de Bismarck, peu de temps après la guerre de 1866 : « A son Excellence le comte de Bismarck. Votre Excellence se souvient des journées du 10 et du 11 juin 1866 lorsque nous causions de l'éventualité d'une guerre contre l'Autriche. Pour venir en aide à la mémoire de votre Excellence, je me permets de rappeler que nous passâmes la première soirée dans votre cabinet de travail et que le second entretien eut lieu sous le grand arbre de votre jardin. Votre Excellence était très inquiète sur l'issue de la guerre qui allait commencer. Votre Excellence me disait alors : « Ah ! l'empereur Napoléon n'aurait qu'à vouloir et la campagne que nous allons entreprendre nous serait singulièrement facilitée. L'empereur Napoléon pourrait prendre facilement la Belgique, même le Luxembourg et reculer ainsi les limites des frontières françaises. J'ai proposé tout cela à l'empereur Napoléon, mais il n'a pas voulu accepter ; quand vous irez à Paris, je vous en prie dites tout cela au prince Jérôme Napoléon. »

conférence prouve notre amour excessif de la paix.

En 1870, M. de Bismarck donne une des preuves les plus évidentes des mensonges de l'Allemagne, par le moyen qu'il emploie pour nous faire déclarer la guerre ; la *Deustche Revue*, dans sa neuvième livraison, établit cette preuve d'une manière irréfutable. Cette revue affirme, d'après le général de Roon, ancien ministre de la guerre de Prusse, en 1870, que la fameuse dépêche d'Ems, d'après laquelle l'ambassadeur Benedetti aurait été insulté par le roi de Prusse, avait été fabriquée de toutes pièces au Conseil des ministres de Berlin et répandue par une dépêche officieuse que l'on data d'Ems.

Voici le texte de la fausse dépêche publiée par le *Times* (d'après les journaux allemands), texte fabriqué par M. de Bismarck, inséré par tous les reptiles prussiens dans le but de soulever l'indignation française et pour pousser la France à déclarer la guerre :

« Dans l'après-midi du 13, le roi Guillaume se promenait avec le comte de Lindorff, son aide de camp, dans le Kurgarten à Ems, lorsque M. Benedetti l'accosta pour lui faire sa dernière et extravagante demande. »

« Le roi se retourna, ordonna au comte Lindorff de dire à M. Benedetti qu'il n'y avait pas de réponse et qu'il ne le recevrait plus. »

« Plus tard, ces faits furent démentis par les journaux prussiens, mais trop tard, alors qu'il n'était plus temps de revenir en France sur l'effet produit par cette fausse nouvelle, car elle avait amené le gouvernement à déclarer la guerre. »

« Comme nous le disions hier, la fausse dépêche d'Ems est la dernière des infamies et M. Liebknecht, le député socialiste allemand, a dit immédiatement après la guerre que *M. de Bismarck avait commis un crime sans nom.* » (*La Presse* du 8 mai 1891).

J'ai donc eu raison de dire que si nous avions déclaré la guerre, ce ne fut que trompés par le plus lâche moyen qu'un homme d'Etat ait employé dans ce siècle.

Cette néfaste guerre n'était pas faite, affirmait le Chancelier, pour combattre la nation francaise, mais l'Empereur. Il nous propose un armistice impossible à accepter au milieu de nos revers et qu'il n'aurait pas accordé si nous en avions admis les conditions. Il se vante alors, auprès de toutes les chancelleries d'Europe, de nous offrir les moyens de terminer la guerre, comédie qui lui permettra plus tard de justifier ce qu'il doit prendre à la France, par le traité le plus dur qui ait jamais été conclu.

Mais qui a donc mal agi et tremble sur le bien malhonnêtement acquis ? Mais c'est l'Allemagne ! Son arrogance blesse tout le monde. Chaque jour l'histoire éclaire son sombre passé, arrache de son arsenal diplomatique quelque nouvelle infamie et l'Europe indignée voit à quel Empire elle a permis de s'élever. L'Allemagne sait bien le mépris dont elle est l'objet; elle sait que ses alliés mêmes la détestent ; elle sent bien que pour vivre il lui faut rester *puissante et incontestée à l'extérieur comme à l'intérieur*. Comment en serait-il autrement? la fausse situation des Allemands ne peut surprendre personne dès qu'on relit leur histoire. En effet, leur ambition ne s'est-elle pas démasquée au fur et à mesure qu'ils se croyaient plus forts? La Prusse a débuté par s'emparer des Duchés, ensuite des villes libres, puis du Hanovre, de Nassau et du Schlewig-Holstein. Elle a constitué l'empire d'Allemagne, lequel nous a arraché l'Alsace et la Lorraine, s'est créé son domaine colonial, a acquis Héligoland et tenté d'acheter l'île de Bornholm. Aujourd'hui il convoite le Luxembourg, demain il voudra la Hollande et les provinces allemandes de l'Autriche et de la Russie. Après il revendiquera la Belgique, plusieurs départements français, la Franche-Comté, la Bourgogne, les cantons allemands de la Suisse, etc., etc.

Cette folle politique force l'insatiable Allemagne à la guerre. Son passé, tout fait de fourberies, je le répète, est là qui se dresse chaque jour de plus en plus menaçant, et des documents nouveaux comme des faits récents prouvent qu'elle a constamment cherché à tromper tout le monde à la fois.

Cette politique peut produire de brillants résultats, mais plus on s'élève par de semblables moyens, plus on tombe de haut. L'Allemagne l'apprendra à ses dépens.

La situation présente est donc la suite naturelle de ses spoliations. L'Allemagne devrait être la dernière à s'en plaindre et ne point nous défendre de revendiquer les provinces qu'elle nous a prises ; autrement c'est nous dire :

« Admettez que nous avons eu raison de vous spolier et de vous duper. »

Cela ne saurait s'imposer que par la force. Surpris en 1870, nous avons été vaincus, et c'est non sans peine qu'on nous a arraché un traité léonin. Ces sortes de traités n'ont aucune valeur : dès que la victime ou le dupé reconquièrent leur liberté, leur droit, leur devoir est de déchirer ce qu'ils ont signé le couteau sur la gorge. C'est ce que la France fera le jour au moment opportun. L'Allemagne, en nous rançonnant impitoyablement, le savait si bien qu'elle a avoué que, c'était moins pour s'agrandir qu'elle prenait l'Alsace et la Lorraine, que pour se créer un boulevard militaire contre la France ; en un mot *« pour avoir un genou appuyé sur elle. »*

Aujourd'hui la maison de Savoie, à laquelle nous avons sacrifié tous nos intérêts en 1859 et en 1866, et qui nous a abandonnés en 1870, s'est alliée à l'Allemagne pour lui garantir la possession de l'Alsace-Lorraine. Elle sent combien sa conduite est déplorable. Ses diplomates ne lui cachent pas les jugements sévères portés sur son compte par le monde entier ; elle est si honteuse de ses agissements, qu'elle se refuse à publier le traité de la Triple Alliance. Les clauses doivent en être fort étranges puisqu'elle n'ose pas les faire connaître.

Je le répète, c'est un langage injurieux pour la France que d'assurer qu'elle trouble l'Europe, qu'elle veut la guerre et que la Triple Alliance est faite pour maintenir la paix. Ce serait cynique, il est vrai, mais plus franc de dire : « Nous avons vaincu la France par tous les moyens dont nous pouvions disposer, qu'elle reste tranquille, qu'elle désarme afin de nous permettre de conserver nos conquêtes et de lui prendre ce qu'il nous conviendra. »

Dans ces conditions gardons-nous bien de

désarmer, car il ne suffit pas d'avoir du cœur, de l'intelligence et de l'or ; il nous faut du fer et de la force brutale si nous ne voulons pas être asservis. Ayons donc tout cela et conservons nos principes qui sont de ne jamais attaquer un voisin, mais de lutter pacifiquement par le travail et l'échange librement consenti.

Il est évident qu'il serait imprudent de compter sur un prompt revirement de l'Italie en notre faveur ; cette politique sentimentale étant irréalisable pour le moment, j'ai cru devoir faire un exposé de mes idées sur une politique, qui peut être appelée : *politique d'intérêt* ; les pays qui l'adopteraient auraient pour principe leur intérêt national sans se soucier d'aucun autre, quel qu'il soit.

J'examinerai successivement toutes les combinaisons propres à assurer la plus longue période possible de bonheur à notre malheureuse Europe, pensant que c'est le véritable but que tous devraient poursuivre ; la seule pensée qui devrait animer, gouvernés et gouvernants de notre vieux continent.

CHAPITRE Ier

SITUATION EUROPÉENNE

Les conquêtes prussiennes et allemandes n'ont pas été accomplies avec des armes loyales, elles ont détruit l'équilibre européen. Et si M. de Bismarck parlait, peut-être dirait-il : « Oui, mon œuvre est compromise ; elle n'est pas, elle n'a jamais été solidement établie. Mes alliances depuis vingt ans m'ont servi à la maintenir [1] et je ne demandais qu'à continuer ma politique pendant vingt autres années. C'est alors que, m'ap-

---

(1) M. de Bismarck a cet avantage sur son modèle, Frédéric II, il veut conserver ce qu'il a acquis. Le célèbre roi de Prusse, répétait souvent : « J'ai acquis, que d'autres conservent ».

puyant sur les faits acquis, j'aurais pu déclarer que l'union de l'Allemagne, était définitive; entre temps, il se serait certainement présenté une occasion d'absorber la Hollande et le Luxembourg par une conquête, un mariage, un protectorat ou une inféodation quelconque, d'enlever les provinces allemandes de l'Autriche, de rejeter cette dernière dans les Balkans et au besoin de lui donner Constantinople [1].

Il n'est pas téméraire, d'attribuer ce langage à M. de Bismarck et j'espère prouver par la suite qu'il ne saurait penser autrement. Cette conviction me permet d'assurer que la Triple Alliance est faite, est imposée par l'Allemagne seule, pour sa sécurité et son plus grand bénéfice, non seulement contre la France et la Russie, mais au besoin contre ses propres alliées, l'Italie et l'Autriche ; qu'elle est conforme aux intérêts de l'Angleterre, qui lui accorde ses sympathies et l'aide ouvertement. Pour s'en convaincre, il suffit d'examiner les avantages que chacune

---

(1) Comme appui à ma thèse je cite M. Debidour, tome II, page 446 : « Aussi le prince de Bismarck a-t-il depuis 1871 une idée fixe : isoler la France et l'effrayer, l'empêcher de conclure aucune alliance et en nouer lui-même d'assez redoutables pour la tenir en respect elle et ses amis. Toute sa politique est subordonnée à cette *invariable préoccupation*. »

des trois puissances de la Triple Alliance, sans oublier la Grande-Bretagne, convoite ou peut convoiter [1].

Que désire, que doit désirer l'Allemagne ? Devenir la puissance prépondérante du centre de l'Europe ; pouvoir résister à la France et à la Russie ; comprendre, dans ses frontières au Nord, la Hollande, le Danemarck et le Luxembourg ; au Sud, la partie allemande de l'Autriche ; et encore, pour l'instant, je me contente d'énumérer les revendications les plus modestes des Allemands. Il lui faut naturellement, pour accomplir sa formidable tâche, de formidables moyens.

Que désire, que peut désirer l'Autriche ? Si elle perd Vienne, former depuis la Hongrie jusqu'à Constantinople un grand empire qui serait un cruel embarras au pied de la Russie [2].

---

(1) Il est difficile de douter que l'Angleterre ne soit pas entrée résolument dans la Triple Alliance. Elle n'a pas encore commis la faute d'un traité écrit, il n'y a de sa part qu'un engagement tacite, elle est bien plus forte ainsi; sa politique ondoyante, intéressée s'exercera plus librement. Les dénégations ironiques de lord Salisbury sont des indices qui ne trompent personne.

(2) « En avril 1878, lorsque le général Ignatieff vint à Vienne pressentir l'Autriche avant le Congrès de Berlin, cette dernière lui demanda formellement la Bosnie et l'Herzegovine, le protectorat de la Bulgarie, l'Albanie, la

Que désire et que peut désirer l'Italie ? La réalisation de son fameux programme : Trente, Trieste, l'Istrie, le Tyrol cisalpin, Malte, la Corse, la Savoie, le comté de Nice, le canton du Tessin, une

---

Macédoine avec Salonique, et l'inféodation de la Serbie, du Monténégro et des nouvelles principautés danubiennes ; naturellement la Russie refusa. Mais quelques jours après l'Angleterre proposait à l'Autriche de partager avec elle le protectorat de l'Empire ottoman ; l'Angleterre aurait eu celui des provinces d'Asie, l'Autriche celui des provinces d'Europe ; malgré son vif désir elle n'osa pas accepter. D'ailleurs dans le Congrès de Berlin, l'Allemagne a bien prouvé son idée de pousser l'Autriche vers les Balkans afin de l'occuper davantage avec la Russie et de préparer l'absorption de Vienne. » (Voyez *Histoire diplomatique*, de M. Debidour, tome II, page 515). Du reste, le 10 janvier 1891, une grande partie de la presse européenne, publiait une note ainsi conçue : « L'*Indépendance belge* apprend « l'existence d'une convention secrète entre l'Autriche et « l'Angleterre au sujet de l'occupation de Salonique par « l'Autriche. Cette convention aurait été signée récem-« ment. » Toujours la pensée dominante de l'Angleterre : envelopper la Russie.

Il est vrai d'ajouter que quelques jours plus tard le *Fremdemblatt* se donnait la peine de démentir cette nouvelle et que le correspondant du *Times* à Vienne lui écrivait : « Il suffit de remarquer que l'Angleterre et l'Autri-« che poursuivent parallèlement en Orient le même but, « qui est *le maintien de la paix en Europe*. Mais il n'est « nul besoin de traité pour les deux empires poursuivant « côte à côte une politique qui est bonne pour les intérêts « de chacun d'eux séparément et des cinq grandes puis-« sances ensemble. »

partie de celui des Grisons, Tunis et Tripoli. C'est du moins ce qu'elle avance dans sa géographie officielle.

Que demande l'Angleterre ? A conserver ce qu'elle a. Son programme peut se définir ainsi : affaiblissement de la Russie qu'elle fait garder par deux puissants empires, l'Allemagne au flanc, l'Autriche au Sud [1]. Ou encore, dans un autre ordre d'idées, l'affaiblissement de la France, ce qui lui permettrait de prendre la Belgique, la Normandie et la Bretagne, ou simplement la Belgique en compensation de la Hollande qu'elle laisserait prendre à l'Allemagne. Une fois l'équi-

---

[1] Le 4 juin 1878, l'Angleterre contractait avec la Turquie un étrange traité par lequel elle se chargeait du soin de défendre au besoin les possessions turques d'Asie-mineure et se faisait octroyer l'île de Chypre, position maritime importante qui commande le littoral de l'Asie, de la Syrie et de l'Egypte. Comme dit M. Debidour : « Si « une pareille convention devait être exécutée fidèlement, « l'Angleterre tiendrait, à la face du monde, la Russie en « surveillance, et par la protection officielle du Sultan elle « doublerait son prestige aux yeux des populations musul- « manes de l'Inde. » (Environ cinquante millions d'habitants). D'autre part les journaux ont publié, à la fin de mars 1891, une note dans le même sens vis-à-vis de la Belgique. Le roi Léopold II aurait consenti à Londres à ce que l'Angleterre se chargeât du soin de défendre sa neutralité ; or tout le monde sait que l'Angleterre ne défend un pays que pour mieux l'absorber.

libre européen ainsi assuré, de par elle et pour elle, elle posséderait définitivement l'Egypte ; ses routes maritimes seraient libres, ce qui garantirait et prolongerait l'exploitation de ses colonies qui doivent lui échapper tôt ou tard [1].

Je viens de définir ce que les quatre alliés convoitent ardemment. Cela peut paraître un rêve ; mais on avouera que c'est un rêve moins nébuleux et plus positif que celui de la reconstitution de l'empire romain, de l'empire de Byzance, de l'empire de Charlemagne, ou de celui de Charles-Quint, préconisée par certains chauvins d'Europe.

Toutes ces puissances d'Europe, définies par leurs ambitions avouées, se sont unies pour vaincre et elles font miroiter aux yeux des peuples qu'elles épuisent les bénéfices d'une guerre heureuse, c'est-à-dire : agrandissement territorial, indemnités de guerre, confiscation des

---

(1) Les élections qui viennent d'avoir lieu au Canada ne laissent plus qu'une infime majorité de 6 ou 7 voix au parti anglo-conservateur. On peut presque prédire qu'avant quatre ans la rupture inévitable avec l'Angleterre sera un fait accompli et que le Canada fera partie des Etats-Unis du Nord. En Australie, la proclamation de l'indépendance est une question de peu d'années, la convention réunie à Sydney ne vient-elle pas de discuter *un projet de fédération des colonies australiennes ?* C'est assurément un premier pas vers leur émancipation.

armements immenses de la France, de ses capitaux, etc., etc.

Tout cela est-il bien exact et ne vaut-il pas
mieux croire que *le grand cauchemar de l'Europe conservatrice et des cours impériales en
particulier, est la République française* ?

En effet, si l'on admet un instant l'hypothèse
de la France et de la Russie vaincues par la quadruple alliance, comment s'opérerait la liqui-
dation ? Ce serait un second congrès de Vienne
où les appétits territoriaux ne seraient pas moins
violents que les questions sociales.

L'Angleterre et l'Allemagne y parleraient juste-
ment en maîtres et cette dernière puissance
s'emparerait aussitôt de ce qu'elle réclame fai-
blement aujourd'hui [1]: les provinces allemandes

---

(1) Un des journaux les plus sérieux de Paris a publié
le 5 décembre 1890, les importantes informations qui suivent : En même temps que l'empereur Guillaume II parle
de l'ambition de l'Allemagne à mots à peine couverts, un
de ses écrivains développe très nettement les convoitises
allemandes dans une brochure qui vient de paraître à
Leipzig, ayant pour titre : « *L'empire allemand dans le
passé, le présent et l'avenir.* » Cette brochure vient fort
à propos, car elle présente les allemands sous leur vrai
jour, ne parlant que de paix et songeant toujours à conquérir, alliés à des puissances qu'ils espèrent déchirer plus
tard. En voici le résumé : « Les efforts les plus énergiques
doivent être tentés pour arracher nos frères d'origine alle-

jusqu'à l'Adriatique, le Luxembourg, la Hollande, le Danemarck, les cantons allemands de la Suisse, etc., etc. Qu'aurait donc l'Autriche ? Elle aurait droit à une compensation. Par intérêt et pour continuer à susciter de très sérieuses difficultés à la Russie, l'Angleterre complèterait ainsi son œuvre du congrès de Berlin ; l'Autriche deviendrait un grand empire danubien. Les Hapsbourg n'auraient plus qu'à transporter alors à Buda-Pesth ou à Constantinople leur mobilier impérial. Ce serait peu digne, il est vrai, pour cette antique maison ; mais, bah ! ce serait toujours la pourpre impériale et comme fiche de consolation, on pourrait replacer quelques archiducs autrichiens sur les trônes encore chauds de Parme, Florence, Modène, etc., pour y faire revivre les sentiments conservateurs que la

---

mande à l'oppression de l'Autriche. Guillaume II doit être le seul empereur de la patrie allemande, c'est-à-dire des pays où résonne la langue allemande ; quant aux Haps-bourg, leur gouvernement se transporterait en Hongrie. » Les autres revendications contenues dans la brochure sont les suivantes : « Le Luxembourg, la Belgique, la Hollande et *son domaine colonial*, la *Bourgogne*, qui, d'après l'auteur, *est une terre allemande*, les cantons allemands de la Suisse, les provinces russes de la Courlande, de l'Esthonie et de la Livonie, enfin en cas de démembrement de l'empire Turc, une île dans la Méditerranée. » — Il est à prévoir que cette brochure ne sera combattue par aucun

dynastie de Savoie a laissé refroidir. L'Empire britannique n'y verrait pas grand mal, car en somme l'Italie, au moment du règlement des comptes, serait aussi gênante pour l'Allemagne que pour l'Angleterre. L'Italie, à ce congrès, réclamerait Trente et Trieste que l'Allemagne lui refuserait car elle a toujours proclamé que ce qui est bon à prendre est bon à garder. Guillaume II, jouant au mécontent, dirait brutalement au roi Humbert : Estimez-vous bien heureux que je vous laisse la Lombardie et la Vénétie, car je pourrais vous les reprendre puisque ces provinces ont appartenu à l'Autriche et oubliez complète-

---

allemand. Le cabinet de Berlin dira à celui de Vienne qu'il n'est pas responsable des fantaisies d'un écrivain quelconque et cette idée de domination européenne continuera à se développer en Allemagne.

Cette citation n'est que pour établir l'ambition effrenée de l'Allemagne et prouver que je n'écris pas de grands mots comme ceux de *reconstitution de l'empire de Charlemagne*, de propos délibéré, mais bien parce que les allemands y pensent et le veulent fermement. Ils font même davantage, ils y travaillent ouvertement ; en juillet 1891 un pasteur allemand, M. Toll, propagateur des plus zélés dans les provinces russes baltiques, a osé écrire qu'il ne pouvait, comme c'est l'habitude, prononcer l'éloge du chef de l'Etat russe, parce que c'était un tyran qui persécutait l'église et le peuple allemand. Cette lettre fut remise au Procureur impérial russe qui a dû intenter un procès à ce pasteur allemand pour crime de lèse majesté.

ment Trente et Trieste [1]. » Il lui conseillerait ironiquement de s'entendre avec l'Angleterre pour prendre Tunis, Tripoli, Nice, la Savoie, la Corse et la Provence et lui promettrait au besoin d'appuyer *autant que possible* ses réclamations. Mais l'Angleterre qui sentirait l'Italie à sa merci dirait : « Je laisse faire le grand empire d'Allemagne, à la condition, toutefois, qu'on ne m'impose pas devant Malte et au milieu de la Méditerranée une grande puissance maritime qui tiendrait cette mer dans un étau formé par la Péninsule, Tunis et Tripoli. J'aime mieux occuper Toulon et la Corse, comme en 1792, et laisser deux fantômes de bey à Tunis et à Tripoli. Nice la Savoie et quelques milliards français sont une compensation suffisante pour l'Italie ; cela n'affaiblira pas trop la France, ni ne compromettra la suprématie anglaise dans la Méditerranée. » Ce discours ne serait en somme que le développement des cyniques paroles prononcées récemment par sir James Fergusson à la Chambre des communes. Il leur a dit : « Les mesures qu'il conviendrait de prendre, s'il était nécessaire, pour maintenir le *statu quo* dans la Méditer-

---

(1) Quand on se rappelle la manière cavalière avec laquelle la Prusse traita son allié Victor-Emmanuel après Sadowa on peut faire tenir avec raison ce langage au roi actuel de la Prusse.

ranée, devraient faire l'objet d'un examen de la situation, *et l'emploi des forces anglaises dépendrait de l'appréciation des circonstances* [1]. »

Enfin l'affaiblissement de la France serait un danger pour l'Angleterre. Cette puissance sait mieux que personne la durée de la reconnaissance des nations (c'est même pour cela qu'elle n'agrandirait pas l'Italie), et en prévision d'une alliance possible de l'Allemagne, de la Russie et de l'Italie, elle compterait peu sur l'Autriche pour faire l'équilibre. Aussi préfèrerait-elle avoir la Corse et Toulon en y ajoutant Bordeaux, Rochefort, Brest, Cherbourg et Calais, [2] et au besoin quelques bandes de terre française. Elle continuerait ainsi sa politique séculaire ; elle empêcherait l'asservissement complet de la France par *les autres* [3] pour tenir toujours l'Allemagne

---

(1) *Nouvelle Revue*, 15 juillet 1891.

(2) Marie Tudor, reine d'Angleterre disait quelques jours avant de mourir : « Personne de vous ne sait pourquoi je meurs ; mais si vous tenez à le savoir, disséquez-moi quand la vie m'aura abandonnée et vous trouverez Calais gisant dans mon cœur ». — Cette anglaise ne pouvait se consoler de ce que nous ayons repris une ville française (Ernest Hamel).

(3) C'est d'ailleurs la politique de Gladstone et des libéraux. Ils ont une tendance française, non pas par amitié pour nous, mais pour le besoin d'une clairvoyante politique extérieure.

en haleine et enlever à cette dernière toute velléité d'entente avec la Russie.

Ainsi donc, l'Autriche serait brutalement rejetée, en cas de succès de la Triple Alliance, dans les Balkans, et l'Italie ne s'agrandirait pas plus sur l'Adriatique que sur la Méditerranée. Elle dévorerait en silence son dépit, pour avoir commis, au mépris de ses véritables intérêts et de tout noble sentiment, une des plus grandes fautes politiques de son histoire.

Le gouvernement italien peut-il affirmer que les choses se passeraient d'une autre manière ? Je ne le crois pas, et à Rome comme à Vienne, on est fixé depuis longtemps ; Humbert Ier et François-Joseph comprennent bien leur triste rôle, ils envisagent mélancoliquement l'avenir et ne s'allient avec l'Allemagne que pour leurs intérêts dynastiques sans aucun souci de ceux de leurs peuples.

Le résultat d'une victoire de la quadruple alliance ne serait guère plus heureux pour l'Allemagne. En apparence elle arriverait à l'apogée de sa fortune ; mais ne serait-ce pas pour elle, vu son tempérament, l'époque d'une folle grandeur, d'un orgueil téméraire, d'un militarisme outré qui l'absorberait, l'aveuglerait (à l'égal des gens inexpérimentés qui perdent la tête et dévorent des fortunes inattendues et soudainement acquises), jusqu'au jour où le socialisme [1] et la misère se chargeraient de bouleverser de fond en comble cet immense empire.

Ceci c'est le succès de la Quadruple Alliance.

En cas d'insuccès, ce serait bien autre chose. L'Allemagne, comme l'Angleterre, offriraient volontiers leurs bons amis italiens et autrichiens en sacrifice aux franco-russes, qui seraient tentés de les réduire à l'impuissance pour long-temps, sinon pour toujours.

J'avais donc raison en affirmant au commencement de ce chapitre que l'Allemagne et surtout l'Angleterre profiteraient seules de cette union de deux dupes et de deux dupeurs.

---

[1] Le socialisme et la démocratie se développent terriblement en Allemagne pour l'avenir des Hohenzollern. En voici un tableau progressif :

Aux élections

de 1871 on comptait	124.655	socialistes et démocrates			
» 1874	»	351.952	»		
» 1877	»	493.138	»	et 12	députés
» 1881	»	311.961	»	12	»
» 1884	»	550.000	»	25	»
» 1887	»	763.123	»	25	»
» 1890	»	1.311.587	»	35	»

Cette progression effraie à tel point le gouvernement de Berlin que le chancelier de Caprivi n'hésitait pas au commencement de mars 1891 à dire au Reischtag : « Je vous demande à améliorer la situation des sous-officiers dans l'armée, car j'ai besoin d'eux, encore plus pour la guerre des rues que pour faire campagne contre les ennemis. »

Ce qu'il y a de plus triste, c'est que le résultat de
tout ce que je viens d'exposer, serait l'affaiblissement de l'Europe, sans préjudice bien sérieux
pour les Russes ni pour les Anglais surtout, car
ces derniers sauraient bien tirer quelque parti
de nos affreuses guerres. Aussi puis-je dire, sans
exagération, que : la situation de l'Europe est
lamentable, les Etats-Unis américains poursuivent
leur marche économique, s'apprêtent à porter le
dernier coup à l'Europe agonisante et à assister à
sa banqueroute. Si rien n'arrête notre ruine,
bientôt les pays qui devaient former les brillants
Etats-Unis d'Europe, ne seront plus qu'un groupe
de nations malheureuses et épuisées.

CHAPITRE II

SOLUTIONS DIVERSES

Après l'exposé que je viens de faire de la situation européenne, ma tâche est toute indiquée ; il me faut examiner les divers moyens paraissant devoir être sérieusement discutés pour conjurer l'avenir désastreux que cette situation prépare à l'ancien continent. J'essaierai d'en prouver la nécessité et la logique. Voici ces moyens ou combinaisons :

1° Formation des États-Unis d'Europe ;

2° Union des cinq puissances latines avec la Russie ;

3° Union de la France, de la Russie, du Danemarck, de la Hollande, du Portugal, de l'Espagne et de la Grèce ;

4° Remaniements territoriaux ;

5° Alliance franco-russe.

Le premier moyen est le seul qui permette à l'Europe de lutter au point de vue économique et qui lui assure une place prépondérante dans le monde civilisé. Mais, hélas ! je reconnais, qu'il est difficilement réalisable. La diplomatie actuelle le considère comme impossible à employer.

Ne vaut-il pas mieux se contenter de lui demander les seules choses qu'on puisse espérer en obtenir ?

Je laisserai donc de côté cette idée de confédération européenne pour discuter ce qui paraît plus immédiatement réalisable. J'y reviendrai dans l'espoir de démontrer qu'aucune autre combinaison ne peut lui être opposée pour le salut de l'Europe.

Beaucoup d'hommes d'État qualifient encore mon second moyen de problématique, il m'est difficile les combattre, forcé que je suis d'avouer que l'union latine n'est pas chose facile à accomplir, puisque l'Italie persiste résolûment à s'en éloigner. Et cependant ! cette heureuse alliance des cinq pays latins appuyée par la Russie serait on ne peut mieux équilibrée. Car j'ai déjà démontré, dans mon résumé de la *Politique de sentiment,* ce que les alliés pourraient y gagner en territoires reconquis, en outre de la longue période de paix qui s'en suivrait.

Par malheur notre voisine est enchaînée par l'Allemagne et gît aux pieds de la *perfide Albion.*

Je me vois donc forcé d'arriver à présenter mon troisième moyen auquel j'attache assez d'importance pour en faire l'objet d'un chapitre spécial.

CHAPITRE III

ALLIANCE AVEC LA RUSSIE,
LE DANEMARCK, LA HOLLANDE, LE PORTUGAL,
L'ESPAGNE ET LA GRÈCE

On remarquera que je remplace l'Italie par la
Hollande et le Danemarck. Cette alliance sera
peut-être taxée de *bizarre* [1]. Il est cependant
possible de la défendre et de *la faire prendre au
sérieux*, d'autant plus qu'elle n'est pour moi
qu'un moyen opportun de conservation et ensuite
un obstacle à la domination de l'Europe par
l'empire d'Allemagne, de cette Allemagne qui a
toujours passé par-dessus le « droit des gens »

---

(1) M. Notoritch, directeur des *Novisti*, ne disait-il pas
dans l'*interview* publié par le *Figaro* du 15 août 1891 :
« La visite de l'escadre française à Cronstadt a une conséquence très importante au point de vue de la politique
internationale. *On doit y voir le point de départ d'un
nouveau groupement des puissances grandes et petites.*

et la morale universelle pour arriver à son but [1].
Cette domination se dessinant chaque jour davantage, ne peut qu'inquiéter fortement ses voisins
immédiats. C'est pourquoi l'intérêt de la Hollande
et du Danemarck à s'unir avec nous, ne nécessite
pas une longue démonstration : le Danemarck
doit sauver ce qui lui reste [2] et la Hollande

---

(1) Metternich disait en 1801 de la Prusse : « Qu'elle soutenait son rôle en s'affranchissant de toutes les lois de la
morale politique et en exploitant les malheurs des autres
pays au mépris de ses obligatious et de ses promesses,
forte des nombreuses acquisitions qu'elle a faites ou qu'elle
va faire encore. La Prusse se trouve placée au rang des
puissances de premier ordre. » Que dirait donc Metternich après Sadowa et Sedan ? Il définit bien la rapacité
allemande et il est permis d'affirmer, sans faire sourire
personne, qu'elle aspire à dominer l'Europe entière ; c'est,
du reste, l'aspiration commune à tous les conquérants et à
toutes les puissances militaires.

(2) La France avait sollicité l'alliance du Danemarck en
1870 après la déclaration de guerre. Le marquis de Cadore
fut envoyé en mission auprès de Christian IX. Il ne réus-
sit pas grâce à l'intervention de l'Angleterre et de la Russie.
Le roi de Danemarck était dans les meilleures dispositions
et on espérait qu'à la faveur d'une diversion navale et
militaire il permettrait à la France de prendre la Prusse à
revers et de lui donner un coup fatal. (Voir « *Histoire
diplomatique* » de M. Debidour, tome II, page 396). A
l'heure actuelle les sympathies du Danemarck sont trop
visibles pour nécessiter une grande démonstration, il est
cependant agréable de rappeler que le 6 juillet dernier, le

assurer son existence. Un prince allemand ne vient-il pas de monter sur le trône du Grand Duché de Luxembourg et une note qui a fait le tour de la presse européenne (1er et 2 décembre 1890), ne soulevait-elle pas, avant même que le roi de Hollande fût inhumé, la question de la neutralité de ce pays pour le sauver des appétits de l'Allemagne ?

L'alliance qui fait l'objet de mon troisième moyen s'impose fatalement, un intérêt suprême en étant le principal lien. Dans cette hypothèse, quels seraient les deux camps européens ?

D'une part, la Russie, le Danemarck, la Hollande, la France, le Portugal, l'Espagne et la Grèce ; de l'autre, l'Angleterre, l'Allemagne, l'Autriche et l'Italie [1].

---

roi a reçu à sa table tous les officiers de l'escadre française qui se rendait à Cronstadt. Dans les toasts qu'il a portés à plusieurs reprises, il a eu soin de parler tout particulièrement de « l'admirable marine française. »

Le 26 août 1891, on télégraphiait de Berlin à *l'Estafette*.

« Les cercles politiques allemands se montrent vivement préoccupés, à la suite d'un discours prononcé récemment par M. Bahnson, ministre de la guerre danois. »

« M. Bahnson, en démontrant à ses électeurs la nécessité de fortifier Copenhague, a dit que cette forteresse était destinée à occuper l'ennemi *jusqu'à l'arrivée des amis* qui pourraient avoir intérêt à maintenir l'existence du Danemarck. »

(1) La *Gazette de Berlin* disait récemment que la France n'ignorait plus que l'Angleterre et l'Italie fussent unies par un traité.

D'ailleurs, ces classements paraissent exister depuis longtemps [1], mais on n'a pas toujours assez compris qu'au-dessus des rivalités européennes se trouvaient deux grandes puissances qui les entretenaient dans leur intérêt particulier. En effet, on voit d'un côté, l'Angleterre qui lutte énergiquement pour son existence et de l'autre la Russie qui tient avant tout à ce que la suprématie et la sécurité complète de son empire ne soient ni méconnues, ni amoindries.

En relisant les discussions du Congrès de Berlin, où toutes les grandes puissances étaient représentées, on est forcé de reconnaître que l'Angleterre et la Russie combattaient seules dans l'arène et que les autres n'étaient que des comparses qui jugeaient des coups et s'en garaient le plus possible.

En 1875, l'Angleterre comme la Russie s'opposa énergiquement à l'odieuse agression que l'Allemagne préparait contre la France. La première le fit pour se créer des droits à la gratitude de la

---

(1) Aujourd'hui la situation est à peu près la même qu'au moment de la guerre de la succession d'Autriche (1741-1748). Les Autrichiens, les Italo-Sardes et les Anglais d'une part ; de l'autre, les Franco-Espagnols. Notre vieille Europe arrive à se classer chaque siècle en deux camps. On dirait que rien ne change et qu'une triste ironie du destin reconstitue les mêmes classements.

France, car elle la supposait, avec raison, trop disposée à se jeter dans les bras de la Russie. Celle-ci arrêta d'abord Guillaume Ier par sympathie pour la France et par intérêt ensuite, afin de l'empêcher de s'unir de nouveau avec l'Angleterre.

Dernièrement encore n'avons-nous pas vu l'Angleterre s'émouvoir à l'annonce de la visite de notre escadre à Cronstadt et nous faire aussitôt une pressante invitation, pour qu'à leur retour nos marins s'arrêtassent à Porstmouth ? Quel but poursuivait la reine Victoria [1] en écoutant debout la *Marseillaise* et en offrant à notre marine des fêtes qu'elle s'est efforcée de faire plus belles que celles du Czar ? Satisfaire son amour pour la France ou essayer de la reconquérir pour l'empêcher de se livrer à la Russie ? Il vaut mieux croire que l'Impératrice des Indes a voulu, par cette manifestation, défendre sa politique extérieure de toute partialité. A-t-elle réussi ? J'en doute !

Toujours les deux champions de l'Europe met-

---

(1) La reine d'Angleterre est venue maintes fois depuis 1870 en France : à Menton, Cannes, Grasse, Aix-les-Bains, Biarritz, etc., etc. Elle pouvait manifester sa déférence, son amitié pour la France en saluant Paris ; jamais elle ne l'a fait ; au contraire, elle a toujours mis le plus grand soin à éviter cette ville et à la traverser incognito.

tant le holà entre les puissances continentales
pour leur bénéfice à eux ! L'Angleterre seule,
grâce à sa politique peu scrupuleuse, a constamment tiré des avantages de cette longue lutte ; chez
elle pas de sentiment : *L'intérêt, encore l'intérêt,
toujours l'intérêt.* La fin, pour elle, justifie les
moyens. Elle va s'agrandissant sans cesse à l'aide
de son principe favori : « *Périsse plutôt l'Europe,
qu'une seule de mes colonies.* » Mais sa marche l'a
fait arriver à un point où elle voit surgir à ses
côtés deux puissances formidables : l'une, qu'elle
ne peut renier, les Etats-Unis de l'Amérique
du Nord, nation républicaine, à tempérament
anglais, qui sait lui répondre : « *Mon intérêt
avant tout.* » L'autre, la Russie, à laquelle la
Grande-Bretagne parle sentiment, en masquant
habilement l'intérêt. Elle lui rappelle que les
Etats monarchiques doivent s'unir en 1891 comme en 1813, pour la solidarité du sentiment
dynastique, ajoutant : Sacrifiez vos intérêts, sacrifiez votre territoire, mais affaiblissons ensemble la France ; nous détruirons son influence qui
est un danger permanent pour l'Europe monarchique.

Ce langage insidieux n'est plus écouté par la
Russie qui sait qu'elle a failli prendre vingt fois
Constantinople et que, toujours, elle a trouvé
l'Angleterre opposée à sa politique, le plus souvent d'une manière détournée et pas mal de fois

ouvertement. Les nombreuses fourberies des Anglais sont trop connues des Russes ; aussi ces derniers sont-ils convaincus que la haine anglaise est préférable à son amitié.

La Grande-Bretagne, en somme, est à l'apogée de sa puissance. Elle a créé un empire qu'aurait envié Charles-Quint, et, comme lui, elle le verra s'effondrer. De même que les vice-rois espagnols ont fait le Mexique, le Venezuela, le Pérou, la République Argentine, etc., les vice-rois ou les citoyens anglais fonderont de nouveaux États indépendants : l'Inde, l'Australie, le Canada, etc... Que restera-t-il alors de cette Angleterre chez qui l'intérêt a toujours tout primé ? Il ne subsistera que ses deux îles et il est permis de croire qu'elles se donneront trois gouvernements : Londres, Edimbourg et Dublin. C'est bien cette fatale échéance que redoute l'Angleterre ; aussi maintient-elle avec soin certaines puissances de l'Europe, toujours comme à l'affût de nouvelles conquêtes, dans un état de surexcitation continue. En éveillant ainsi leur convoitise et leur ambition, elle les divise, les affaiblit et devient à leur insu, l'arbitre de leur destinée. Cette politique aussi habile que périlleuse ruine infailliblement l'Europe ; mais elle est précieuse, indispensable même, pour prolonger l'égoïste exploitation des cinq parties du monde par l'Angleterre.

Cette situation est la vraie : l'Europe n'est qu'un jouet entre les mains de l'Angleterre. C'est donc cette puissance qu'il faut frapper en détruisant sa suprématie coloniale, les deux camps européens n'existant que de par elle et pour elle. L'alliance qui fait l'objet de ce chapitre pourrait accomplir cette tâche laborieuse ; elle l'accomplirait avec d'autant plus de bonne volonté et de facilité que la Grande-Bretagne étant constituée de nationalités disparates, de territoires successivement enlevés à toutes les puissances du monde, il est certain que si on leur rendait ce qui leur a été arraché, elles ne pourraient être que satisfaites.

La France reprendrait Jersey et Guernesey ; l'Egypte, sa liberté ; l'Espagne, Gibraltar ; le Portugal, son indépendance et ses colonies ; l'Italie, Malte ; la Turquie, Chypre. La question irlandaise serait résolue, car il est très probable qu'une République anglaise succèderait à la monarchie actuelle après la destruction de la puissance coloniale de la Grande-Bretagne.

Ce que je viens d'indiquer ferait disparaître bien des causes, bien des raisons de conflits. Mais une question très sérieuse subsisterait encore, celle de la Turquie. Comment la résoudre ? Plusieurs moyens se présentent naturellement à l'esprit : donner la Turquie d'Europe à l'Autriche et la Turquie d'Asie à la Russie, ou bien fortifier l'Empire turc. Mais est-ce possible ? J'en doute [1].

Cela serait-il parfait ? Peut-être autant que l'état de choses existant. Vaudrait-il mieux reconstituer l'Empire grec pour diminuer l'Autriche et l'Italie ? Je n'ose l'affirmer. Que de combinaisons n'y aurait-il pas à faire ! J'en passe et probablement de meilleures que les miennes ; mais j'estime que toutes laisseraient en suspens de graves questions, parmi lesquelles les trois principales, que j'appellerai celle des trois détroits : Gibraltar, Constantinople et Suez. De plus, les mêmes idées de dominer l'Europe existeraient encore chez les Allemands comme chez les Italiens et tôt ou tard de nouvelles guerres entre les nations du continent éclateraient au grand bénéfice de l'Amérique et de la Russie.

---

[1] M'occupant plus particulièrement de l'Europe et ne pouvant embrasser l'état général du monde, je risquerais d'être trop long, partant obscur, si j'envisageais ce qu'il adviendrait de toutes les possessions coloniales de l'Angleterre. C'est pourquoi je n'en parlerai pas dans le courant de mon travail, mais ici, et très rapidement. Les Indes pourraient se constituer en un empire indépendant ou la Russie pourrait s'en emparer. C'est une question que je n'ai pas la prétention de résoudre. Quant à l'Australie, ce serait son autonomie à bref délai, qui en somme est déjà presque faite. Le Canada est dans la même situation. Il est d'ailleurs permis de prévoir qu'il serait absorbé par les Etats-Unis du Nord.

Donc la simple suppression de la puissance coloniale de l'Angleterre serait, malgré les immenses bienfaits du moment, une solution bâtarde de plus, une de ces combinaisons qui sauvent le présent sans assurer l'avenir. Il est évident que ce serait un état transitoire plus ou moins heureux[1] qui empêcherait la France de se livrer trop entièrement et pondérerait quelque peu la force si redoutable de la Russie. Il amènerait le désarmement, l'affaiblissement de la Quadruple Alliance et augmenterait la force des sept autres puissances. Mais ce serait toujours à recommencer. Les mêmes combinaisons savantes, d'alliances contre alliances, se renouvelleraient, les mêmes entraves au commerce existeraient, et l'Europe morcelée et impuissante serait placée entre la Russie et les Etats-Unis de l'Amérique du Nord. La Grande-Bretagne existerait toujours pour soutenir la Turquie, l'Autriche, l'Allemagne et l'Italie, afin de reconquérir sa puissance coloniale perdue.

Dans tout ce qui précède, je raisonne dans l'hypothèse d'une alliance possible entre les sept

---

(1) En supposant cette alliance de sept puissances capables de dicter une paix durable, je me permets d'en appeler à M. de Bismarck (auquel on ne contestera pas, je l'espère, une certaine autorité dans la matière) ; voici ce qu'il disait, le 9 janvier 1891 : « *Je ne crois pas qu'après la prochaine guerre, la paix éternelle règne en Europe.* »

puissances que j'ai nommées ; cette hypothèse est-elle bien sérieuse ? Le Danemarck n'aurait-il pas peur de la Suède ; la Hollande ne serait-elle pas hésitante, car l'Angleterre et la Belgique pourraient certainement l'intimider et elle préférerait rester neutre ; quant au Portugal, n'alléguerait-il pas sa situation financière pour s'abstenir ; l'Espagne ne se retrancherait-elle pas derrière sa politique actuelle, c'est-à-dire le désintéressement, l'impartialité dans les compétitions européennes, et la Grèce enfin ne pourrait-elle pas, malgré son roi et sa reine, demander à la France et à la Russie de n'être mêlée à aucune guerre ?

Dans ces conditions, la Russie et la France resteraient seules disposées à s'allier, et j'avoue que cette alliance franco-russe me paraît l'unique solution capable de sauver les *vrais intérêts* de la France, qui, comme disait Talleyrand, *ne sont jamais en opposition avec les vrais intérêts de l'Europe.* » Et cependant la suppression de la puissance coloniale de l'Angleterre produirait un tel changement, serait un fait si grave, qu'on peut affirmer que jamais occasion aussi propice ne se serait présentée pour résoudre dans le vieux monde ces problèmes qui le torturent, l'anémient et le conduisent à sa perte.

Il est nécessaire d'en finir avec toutes ces puissances chimériques : l'Angleterre faite de quelques morceaux du monde; une Autriche faite de quelques morceaux de l'Europe; une Allemagne omnipotente ; une Italie rêvant l'empire romain. Il faut des Etats définitifs; tous les autres sont voués à une désagrégation certaine.

On vient de le voir, moralement, matériellement, je suis amené à une seule alliance : celle de la Russie et de la France. J'espère démontrer que la Russie peut parfaitement s'allier avec la République française sans compromettre ses intérêts dynastiques, tandis qu'il n'en est pas de même pour les cinq autres puissances que j'ai indiquées.

Cependant avant de passer à l'étude de cette alliance, je crois utile de présenter une solution que j'ai appelée : *remaniements territoriaux*. Elle est soutenue brillamment et avec succès par plus d'un homme politique car elle séduit par la satisfaction immédiate d'intérêts, en somme, très respectables. Si je discute ce moyen, c'est surtout pour prouver que j'ai fait tous mes efforts pour ne rien oublier et ne pas paraître céder trop facilement à l'idée favorite du jour : l'alliance franco-russe.

CHAPITRE IV

REMANIEMENTS TERRITORIAUX

Certains patriotes français croient qu'une guerre heureuse doit faire succéder à la situation actuelle un état de choses semblable à celui de l'Europe avant 1859 ; à mon avis, ce serait nier les enseignements de l'histoire. Je crois impossible de faire revivre les nombreuses petites cours qui composaient l'empire d'Allemagne et le royaume d'Italie ; de détruire, de disloquer les deux grandes unités allemande et italienne ; de revenir à une situation à peu près semblable à celle qui existait avant le Congrès de Paris, sous le spécieux prétexte qu'à leur entrée dans le concert européen le premier soin de l'Allemagne et de l'Italie a été de prendre une attitude hautaine, arrogante, provocante même, au lieu de se contenter de jouir tranquillement de leur fortune inespérée.

Cette situation de 1856 peut-elle être sérieusement désirée dans l'intérêt de l'Europe ? Je ne le pense pas. J'avoue avec l'honorable M. Debidour que les deux grands états allemand et italien sont un avantage pour leurs nationaux, en ce sens que leur groupe social étant plus important, leur sécurité a augmenté d'autant et qu'ils n'ont plus à redouter leurs guerres intestines [1] . Quelques hommes politiques assurent que, pour la tranquillité de l'Europe, il faudrait règler amiablement quelques questions pendantes comme, par exemple, celles de l'Irlande, de la Pologne, de l'Alsace-Lorraine, de la Hongrie, etc., etc., affirmant qu'une fois ces questions réglées, l'Europe serait tranquille, attendu que la gestation des deux nouvelles puissances européennes serait terminée et qu'elle n'aurait plus rien à redouter des efforts de ces puissances pour arriver à leur but.

Ce dernier argument tombe à faux, je l'ai démontré en partie. Au surplus, je ne me dissi-

---

[1] Si on admet que plus un Etat est grand, moins il a de chances de conflit, on admettra davantage l'idée d'une confédération européenne qui supprimerait ainsi les guerres intérieures de l'Europe et ne laisserait plus subsister que des discussions économiques avec la Russie et les Etats-Unis d'Amérique.

mule pas combien il est imprudent, téméraire, de le produire, de le discuter et d'oser indiquer une solution satisfaisante pour un seul, car un seul Etat satisfait en mécontenterait dix. Et, en effet :

Le programme actuel des écoles officielles d'Italie ne contient-il pas, en termes précis, les revendications de « l'Italia irredenta » ? Nice, la Savoie, la Corse à la France ; Malte à l'Angleterre; la Dalmatie, Trente, Trieste et le Tyrol à l'Autriche ; enfin le Tessin à la Suisse (cela l'arrondirait, suivant le mot de Metternich).

Celui de l'Allemagne est connu depuis longtemps. Cette puissance se déclare incomplète, et ses armements, quoiqu'elle en dise, n'ont pas seulement pour but d'assurer la paix de l'Europe contre la France, mais bien celui d'assurer la conquête de ce qu'elle croit lui manquer encore pour compléter son unité. Ce dernier mot prononcé au XIXe siècle fait déraisonner beaucoup de monde. Pour faire l'unité, on ne doit plus rien respecter. En Allemagne on croit aisément que pour unir l'Europe il faut l'asservir.

La question de Hongrie consiste à accorder aux Etats Slaves une constitution conforme à leurs vœux. Mais, suivant le gouvernement autrichien, ce serait lui faire courir des dangers révolutionnaires très graves qui le compromettraient.

La question de l'Alsace-Lorraine ne saurait

se résoudre à l'amiable pour deux raisons :
la première c'est que l'abandon de ce territoire par l'Allemagne détruirait le prestige des
Hohenzollern ; la seconde dépend naturellement des principes mêmes qui ont fait prendre ces provinces. Officiellement le roi de Prusse
déclarait, en 1870, qu'il n'avait aucune idée de
conquête ; que l'Alsace-Lorraine n'était qu'un
gage destiné à contenir les violences sans cesse
renaissantes de la France ; et officiellement encore, l'Empereur Guillaume Ier déclare le 4 décembre 1870 que le but de l'instruction allemande de 1860 à 1870 était de préparer la Nation
à reconquérir l'Alsace et la Lorraine. Dans de
pareilles conditions, sur quoi pourrait se baser
l'Allemagne pour faire accepter par la France
une rétrocession de l'Alsace-Lorraine sans froisser la dignité de cette dernière?

Quant à la question polonaise, il n'est pas
besoin de la discuter longtemps. Cette province
est partagée aujourd'hui et il est puéril de ré-
criminer. La France, d'ailleurs, n'y a aucun intérêt direct. Au contraire, il est plus avantageux
pour elle de voir deux adversaires comme l'Allemagne et l'Autriche en contact immédiat avec la
Russie. Au point de vue européen, nous aurions
tort de vouloir être *plus royalistes que le roi.*
L'Europe entière a voulu le démembrement de
la Pologne ; depuis longtemps le vent était à la

formation de grandes puissances au détriment des faibles. Je ne vois pas pourquoi la Pologne, de si glorieuse mémoire, serait reconstituée.

La question d'Irlande ne saurait passionner l'Europe, encore moins la faire s'unir contre l'Angleterre pour obtenir justice en faveur des malheureux Irlandais.

Et même, admettons un instant toutes ces questions résolues, il resterait toujours la question de l'indépendance du Pape, avec laquelle il faut compter, quoi qu'on en dise, et celle-là, est-il besoin de l'affirmer? est difficile à écarter, non pas pour la France, qu'elle ne saurait intéresser, mais pour d'autres puissances que j'ai déjà nommées, telles que l'Italie, l'Autriche et même l'Allemagne dont le parti catholique est si puissant. Il resterait également la question de Gibraltar et de Tanger. Si l'Angleterre abandonnait Gibraltar, l'Espagne lui succéderait dans ce poste important et je ne vois pas bien ce que la liberté de la Méditerranée gagnerait à changer de maître.

Non, comme dit M. Jules Richard, l'Angleterre ne peut donner un avis désintéressé sur les puissances d'Europe. L'Allemagne ne déclarera jamais à la France, à la Russie et à l'Autriche que la carte du monde est définitivement réglée et que personne n'a plus le droit d'y toucher.

Et la question d'Orient? Et Suez? Et tant d'autres qu'il serait trop long d'indiquer?

Un écrivain italien qui n'a pas signé la brochure qu'il a fait paraître en juin 1890 et intitulée : « *L'Italie et l'armée italienne dans la Triple Alliance* » énumère les forces militaires de la Triple Alliance, ses charges budgétaires et en arrive à dire que la France supporte plus facilement l'état de paix armée ; que par conséquent cela ne saurait durer plus longtemps ; « qu'il faut en venir aux mains et briser cette corde trop tendue qui menace d'épuiser en pleine paix les ressources normales des Etats alliés et non alliés, sans dommage réciproque pour la France qui, seule, peut les tenir en échec. »

L'auteur est d'un cynisme inouï. Il trouve une analogie entre la situation politico-militaire actuelle de l'Europe et celle de 1812 qui amena la Sainte Alliance, et il part de là pour montrer la France comme un sujet de crainte et de dépenses continuelles et en arriver à dire que l'Europe n'aura de repos qu'après l'écrasement de la France.

« Tant que la France s'est sentie affaiblie par la guerre de 1870-71 l'Europe centrale et occidentale n'a eu aucun danger à courir..... mais la *prépotence* française s'est reveillée avec l'amélioration de son armée et de sa marine, et elle a obligé deux Empires à s'unir. La *loyauté* des républicains s'est révélée ensuite dans le traité du Bardo [1] et a jeté l'Italie dans l'alliance des deux Empires. »

Les coalitions de 1813, 1814 et 1815 sont identiques à l'alliance de 1879 et de 1882, renouvelée en 1887 [2] ; ce qui manque c'est la brusque décision, le choc. *Je pense que la Triple Alliance pourrait imiter l'exemple des alliés au commencement du siècle.*

Le morceau qui suit est trop beau pour le résumer, je vous le donne en entier :

« Souvenons-nous qu'Alexandre Ier, hostile au blocus continental, trouva la *cause occasionnelle* de la guerre contre Napoléon dans l'occupation du Duché d'Oldenbourg, après un précédent de tarif qui avait aggravé les droits des marchandises françaises pénétrant en Russie. De même aujourd'hui la Triple Alliance pourrait très bien changer ses pactes défensifs en pactes offensifs et provoquer la cessation des causes déterminantes d'une situation anormale. »

« Personne ne peut désirer le fléau de la guerre, et moi moins que tout autre ; mais je déclare franchement qu'il ment, sachant de mentir, l'homme d'Etat qui prétend parler sérieusement de désarmement. »

---

(1) J'explique dans la première partie ce qu'il faut penser de notre intervention à Tunis.

(2) Cet Italien aurait pu ajouter : et en 1891.

« Il ne reste qu'à souhaiter qu'une solution énergique soit prise au moment opportun : des compensations territoriales ou d'autres sont capables de neutraliser les forces qui ne figurent pas sur l'échiquier de l'Europe centrale. Si la victoire est le lot des plus forts, les alliés doivent triompher. Les dépenses et les conséquences de la guerre seront le poids qui ne réduira pas la France à merci, mais qui l'affaiblira pour plus d'un demi siècle. L'Europe occidentale pourra ainsi accomplir son mandat, résoudre le problème de la richesse économique, et débarrassée des soucis de la politique extérieure, diminuer sensiblement les énormes dépenses militaires actuelles. On reviendra ensuite au point de départ, et cette fois ce sera la question sociale qui armera les peuples jaloux de vivre à l'aise. »

On le voit, c'est osé, et dernièrement encore le *Piccolo* de Naples excitait ses compatriotes à venir piller les caves de la Banque de France [1].

Ce que je viens de dire indique bien que ce n'est pas par de petits moyens que la situation s'améliorera ; au contraire, ce serait perpétuer les troubles actuels.

Tout ce qui précède, ne serait donc que d'une opportunité savante et rien de plus. Aussi, me paraît-il bien difficile de sauver l'Europe écono-

---

[1] *Petit Marseillais,* du 19 juillet 1890.

mique de la ruine sans un règlement radical de la situation politique et territoriale. Il serait présomptueux d'affirmer qu'on y arrivera par une longue série de combinaisons politiques plus ou moins habiles.

La misère s'avance terrible, escortée du socialisme et tout le monde prévoit une catastrophe.

Ce règlement radical, je le répète, ne peut s'obtenir qu'avec les Etats-Unis d'Europe. C'est le seul moyen qui me paraisse devoir donner quelques résultats sérieux, car il s'appuierait sur un intérêt suprême, commun à toutes les puissances qui l'emploieraient. Mais comme c'est irréalisable, je me contente de l'alliance Franco-Russe. J'espère démontrer que si elle arrive à vaincre ses adversaires, elle nous conduira à la confédération républicaine du continent. Ne serait-ce pas l'état le plus désirable pour l'Europe, puisque, comme le disait M. Thiers : « La République est ce qui nous divise le moins. »

CHAPITRE V

ALLIANCE DE LA RUSSIE ET DE LA FRANCE

Puisqu'il faut parler le brutal langage des intérêts, je crois avoir le droit de dire : « Pourquoi la France retomberait-elle de nouveau dans des alliances et des guerres mesquines et dangereuses comme celles d'Egypte, de Crimée, du Mexique, d'Italie, etc., etc. ? Pourquoi n'arriverait-elle pas, enfin, à une vraie politique positive, intéressée, comme celle qu'on ne cesse de lui opposer ? »

Chaque fois qu'elle s'est rapprochée de l'Angleterre elle a été dupée par cette ennemie naturelle de toute puissance continentale et en particulier de la France, car la politique, l'histoire et les possessions actuelles de la Grande-Bretagne prouvent combien de fois elle a tenté de s'emparer de territoires sur notre continent et qu'elle y a réussi. J'ajouterai même qu'elle ne peut avoir d'autre règle de conduite.

La Russie est son adversaire naturel en Orient et en Asie. Nous devons donc, par intérêt, nous unir étroitement et nous rapprocher de Saint-Pétersbourg, en réalisant ainsi le désir non seulement des Czars, mais encore de ceux qui, avec lui, président aux destinées de toutes les Russies.

La Triple Alliance actuelle s'est faite pour sauvegarder une paix qui n'était pas menacée. Nous devons y répondre aujourd'hui par l'alliance franco-russe. Ce faisant, la France assurera la fermeté de ses relations diplomatiques et la Russie atteindra enfin le but de sa politique séculaire.

Est-il bien nécessaire d'indiquer, de préciser le but que la Russie et la France chercheraient à atteindre et comment elles l'atteindraient en cas de succès ? C'est peut-être superflu, car sur ce point amis et ennemis sont fixés. Néanmoins je vais le faire pour arriver à ma conclusion favorite, les Etats-Unis d'Europe : et prouver qu'en dehors de cela il n'y a pas de salut pour notre continent.

Dans les chapitres précédents, on l'a vu, aucune solution durable n'est possible. Une situation nouvelle en préparera, en appellera une autre, et rien ne sera résolu.

La Russie et la France se trouvant seules contre la plus grande partie de leurs voisins, aspireraient à vaincre, et, sans être téméraire, je puis raisonner dans l'hypothèse d'un succès. Pourquoi n'avouerai-je pas que j'y crois sincèrement ? Partant de là, comment se règlerait la paix entre les franco-russes et les quatre alliés ? Suivant moi, la Russie prendrait la Moldavie et la Turquie d'Asie, que l'Angleterre s'est réservée depuis le traité de Berlin. En outre leur défaite forcerait la Grande-Bretagne à évacuer l'Egypte, où nous reprendrions immédiatement notre prépondérance ; le Canada et l'Australie, comme autrefois l'Amérique latine, se sépareraient de la mère patrie. A l'Angleterre vaincue, chaque puissance réclamerait son bien ; il ne resterait plus que l'Ecosse et l'Irlande : elles s'empresseraient de recourir à l'autonomie. Le trône· vermoulu de Londres s'effondrerait et la monarchie actuelle serait à bref délai avantageusement remplacée par les hommes si remarquables du parti libéral anglais. Voilà pour la chute de l'Angleterre et le bénéfice de la Russie.

· Quant à l'Allemagne, le traitement serait plus radical. Il me semble qu'il serait bon de l'affaiblir en relevant le cercle d'influence de la maison d'Autriche : nous formerions là deux ennemis acharnés dont les peuples ne tarderaient pas à se soulever pour fonder des Républiques, d'où tout esprit de conquête et de domination serait banni. La France s'emparerait des provinces rhenanes, du Luxembourg et de la Belgique, suivant le cas. Je m'explique : ces deux derniers pays paraissent inféodés à l'Allemagne [1] ; mais d'autre part, ils doivent être neutres ; s'ils compromettaient leur neutralité, ils s'exposeraient à subir les hasards de la guerre. J'ajouterai même qu'il est fort pro-

---

(1) L'article suivant extrait de la *France*, du 23 janvier 1891, prouve que la Belgique a été circonvenue par l'Allemagne :

« Il se juge en ce moment devant le tribunal de Liège, un procès insignifiant par lui-même, mais au cours duquel il a été fait des révélations intéressantes.

« Il y a quelques mois, on procédait dans les environs de Liège à des essais d'artillerie. Un projectile mal dirigé s'abattit sur une maison et blessa un jeune homme.

« De là procès. »

« Aux débats il a été révélé entr'autres choses :

« 1º Que le gouvernement belge a adjugé l'an dernier, à la société Cokerill de Liège, la fourniture des cuirasses de coupoles destinées aux forts de la Meuse.

« 2º Que le cahier des charges, produit au procès, contient une clause secrète par laquelle l'adjudicataire est tenu de procéder aux épreuves de cuirasses avec des canons français de 90.

« 3º Que la société Cokerill a demandé au gouvernement français de mettre à sa disposition un de ces canons, chose qui naturellement a été refusée.

« 4º Que devant ce refus, la société Cokerill a procédé aux essais avec un canon belge dont le type se rapprochait le plus du canon français de 90.

« Il ressort de ces faits :

« 1º Que le gouvernement belge fait essayer la résis-

bable qu'ils ne resteraient pas neutres, car, le voudraient-ils, qu'ils ne le pourraient pas. Dans le grand débat à coups de canon qui aurait lieu autour d'eux, ils seraient forcés par les Allemands, dont le principe est : *Qui n'est pas avec nous est contre nous*, de se mettre avec eux. Dans ces conditions, Léopold II et le prince de Nassau, fatalement entraînés dans la fournaise, suivraient la bonne ou mauvaise fortune de l'Allemagne. J'ai dit : *Suivant le cas*, parce que je devais prévoir celui de leur abstention loyale et absolue ; or cela me semble une naïveté d'y croire. La Belgique [1] et le Luxembourg seront certainement contre nous, et la France et la

---

tance que ses ouvrages fortifiés peuvent opposer à l'artillerie française.

« 2º Que les mêmes essais ne sont pas faits pour l'artillerie allemande.

« 3º Que les forts de la Meuse sont construits non pas pour défendre la Belgique contre une attaque possible de l'Allemagne, mais bien pour servir contre la France seule. »

« Nous signalons ce fait caractéristique sans ajouter aucun commentaire. Aussi bien, nous savons depuis longtemps que le roi Léopold n'est plus que le vassal de l'Empereur allemand, comme ses confrères de Saxe, de Wurtemberg et de Bavière. »

(1) Une information de la *Gazette de Voss*, qui n'a pas été démentie jusqu'à présent, a causé une vive impression dans les cercles diplomatiques. Ce journal affirme que les fortifications de la Meuse, en Belgique, ont été *dessinées* par le maréchal de Moltke et exécutées sous la direction de l'Etat-major-général allemand (*Figaro* du 6 août 1891).

Russie seront autorisées à supprimer, à absorber ceux qui auront soutenu la quadruple alliance, quand leur devoir était de s'abstenir.

Au milieu de ce grand choc, la Suisse ne peut être oubliée. Ses voisins allemands et italiens ont trop souvent *froissé* ce peuple, parlé de lui prendre quelques cantons, pour qu'il les aime; et il est presque certain, c'est même sûr, que la neutralité de ce pays sera violée par eux. Dans ce cas, quatre cent mille suisses, tous excellents tireurs, se lèveront pour défendre leur indépendance, et nos ennemis en pâtiront d'autant. Si nous sommes vainqueurs, la Suisse restera intacte et deviendra plus forte; si nous sommes vaincus elle sera bien compromise; mais elle aura bien fait de se défendre, car si elle ne le fait pas ou si elle laisse violer son territoire par la quadruple alliance, celle-ci lui prouvera certainement sa reconnaissance en la diminuant au Nord comme au Sud. En supposant même qu'elle soit respectée par tous les belligérants, je me demande, si nous étions vaincus, ce qui se passerait au moment du règlement, et si l'Italie, l'Autriche et l'Allemagne ne prendraient pas chacune quelques cantons à la Confédération Helvétique. Ainsi donc, la Suisse aura tout à redouter de nos ennemis victorieux. Dans ces conditions, ne vaudrait-il pas mieux pour ce pays entrer en lice pour la France et la Russie? Son concours nous deviendrait précieux, car elle serait le pivot géographique, le centre du conflit, et notre reconnaissance n'aurait point de borne. Elle sauvegarderait son indépendance et concourrait non seulement à l'affranchissement de la France, mais encore à celui de l'Europe, après avoir été l'avant-garde des armées de la Gaule républicaine.

Pour l'Italie, si elle était vaincue avec ses alliés, la paix se ferait de deux manières : l'une désastreuse, l'autre avantageuse et honorable. Désastreuse, si nous traitions de la paix avec la maison de Savoie ; avantageuse, si nous traitions avec la République italienne. En effet, si malgré la défaite l'Italie gardait son roi, elle deviendrait solidaire avec lui de sa funeste politique ; mais comme aujourd'hui le peuple italien nous assure que la *Triplice* est la politique personnelle de Humbert Ier, nous aimons à croire que si ce prince était battu, les nombreux chefs du parti républicain de la Péninsule seraient prêts à le remplacer ainsi que toutes ses créatures. Les démocrates italiens comptent dans leurs rangs assez d'hommes supérieurs aptes à être diplomates, hommes d'Etat, ministres, etc., et si c'est avec la République italienne que la France doit traiter de la paix, il est évident qu'elle la respectera entièrement, qu'elle lui accordera son amitié et sollicitera son alliance, se contentant de supprimer tout instrument de guerre préparé contre la France. Ainsi donc, dans l'hypothèse presque certaine de l'alliance franco-russe vainqueur, l'Europe serait profondément modifiée au point de vue territorial. — Au point de vue politique ce serait aussi grave. — Je n'ai que trop indiqué la fatale et redoutable partie jouée par Humbert Ier ; s'il la perd, c'est la République italienne. Lorsque cette chaîne ininterrompue de Républiques existerait de Londres à Bruxelles, Paris, Berne, Rome et Naples, quelques jours suffiraient pour qu'elle s'augmente de l'Espagne et du Portugal ; la moitié de l'Europe présenterait alors un tel spectacle de vraie liberté, de vraie fraternité internationale que les peuples Allemands congédieraient en quelques mois leurs souverains, [1] et l'Europe se trouverait ainsi composée d'Etats qui n'auraient plus qu'à conclure solennellement le pacte de fédération, dans lequel la Turquie entrerait, je l'espère. Si elle n'y entrait pas, l'union de l'Europe la forcerait à être correcte ; son Gouvernement ne pourrait plus abuser de sa trop habile

---

(1) En 1848, le roi de Prusse, l'empereur d'Autriche, les rois de Saxe, de Bavière, etc., ont dû s'incliner, tremblants devant leurs peuples ; ceux-ci connaissent les chemins des palais royaux, que les souverains n'habiteraient pas longtemps.

diplomatie pour l'excellente raison que personne n'en aurait plus besoin. Constantinople n'aurait plus sa valeur d'aujourd'hui, puisque la Russie aurait une des rives du Bosphore et que l'Angleterre actuelle n'existerait plus. La Russie, d'ailleurs, n'en aurait pas fini avec les Indes ; elle aurait besoin de l'aide de l'Europe pour les conquérir et les soumettre.

Voilà quel pourrait être le but, le résultat de l'union franco-russe.

Les souverains de l'Europe qui, depuis vingt ans, épuisent leurs peuples en armements, amèneront, contrairement à leurs prévisions, la fin si attendue qui les perdra.

Ils ont armé follement et accentué les divisions : leurs excès seront la cause d'une solution radicale, qui sera sociale, territoriale et économique ; sociale, parce que les peuples seront rendus à eux-mêmes ; territoriale, parce que de durables groupes sociaux se seront formés ; économique, parce que ces groupes n'ayant presque plus de sujets de guerre, pourront enfin se livrer au vrai bonheur de l'homme : le travail dans la paix et la liberté.

CHAPITRE IV

———

LA DISSEMBLANCE DES INSTITUTIONS
SERAIT-ELLE UN OBSTACLE INSURMONTABLE
A L'ALLIANCE
DE LA FRANCE ET DE LA RUSSIE ?

———

Il est certain qu'on ne manquera pas d'objecter que l'Empereur de Russie ne pourra jamais s'allier sérieusement avec la République Française dans la crainte que les idées libérales de la France ne s'infiltrent peu ou beaucoup dans ses Etats, et qu'en cas de succès d'une alliance franco-russe, il ne s'en suive d'abord quelques Républiques et plus tard les Etats-Unis d'Europe ; de sorte que le Czar aurait contribué à la formation d'une des plus belles républiques du monde sur les ruines des trônes de ses parents et autres monarques européens, que cette confédération en contact immédiat avec la Russie nuirait fatalement à son autorité de Souverain absolu et que par conséquent il ne peut, ni ne doit même pas songer un seul instant à une pareille alliance.

Et pourquoi pas?

Un allié d'un Empereur de Russie en 1813, l'Empereur François Ier d'Autriche, n'a pas hésité à tout faire pour briser son gendre Napoléon Ier et faire de sa fille, alors Impératrice de France, une simple archiduchesse, qui s'est ensuite mésalliée.

Le Prince de Metternick raconte dans ses Mémoires un curieux entretien qu'il eût avec Napoléon Ier à Dresde, le 26 juin 1813. Napoléon disait à Metternick : « Oui, j'ai fait une bien grande sottise en épousant une archiduchesse d'Autriche. »

« — Puisque Votre Majesté veut connaître mon opinion, répondit Metternick, je dirai très franchement que Napoléon le *Conquérant* a commis une faute. »

« — Ainsi, l'Empereur François veut détrôner sa fille ? »

« — L'Empereur ne connaît que ses devoirs et il les remplira. Quoique la fortune réserve à sa fille, l'*Empereur François est avant tout souverain, et l'intérêt de ses peuples tiendra toujours la première place dans ses calculs.* »

« — Oui, dit Napoléon, ce que vous me dites-là ne me surprend pas ; tout me confirme dans l'opinion que j'ai commis une faute impardonnable en épousant une archiduchesse ; j'ai voulu unir le présent et le passé, les préjugés gothiques et les institutions de mon siècle ; je me suis trompé et je sens aujourd'hui toute l'étendue de mon erreur ; cela me coûtera peut-être mon trône, mais j'ensevelirai le monde sous ses ruines. »

Cette conversation du célèbre ministre autrichien avec Napoléon est assez typique, c'est un exemple pris sur le vif, du peu d'importance que les souverains attachent aux liens de parenté, même les plus proches.

N'avons-nous pas assisté au vol du Schlewig par la Prusse, bien que le roi Christian soit devenu le beau-père du Czar ?

Ne voyons-nous pas à l'heure actuelle, le duc de Cumberland, le vrai roi de Hanovre, beau-frère d'Alexandre III, chassé de ses Etats et privé de sa fortune personnelle par le Gouvernement de Berlin ?

Le Prince de Battemberg, ex-roi de Bulgarie, également parent du Czar, n'a-t-il pas été détrôné par lui ?

Est-ce qu'en 1867, M. de Bismarck, qui tenait particulièrement à brouiller l'Italie avec la France, ne lui donnait pas à entendre que si la cour de Florence sacrifiait trop à celle des Tuileries, il serait bien capable, lui ministre d'un roi, mais politique sans préjugés, de tendre la main à Garibaldi et même à Mazzini, qui déjà lui faisaient des offres et sollicitaient son concours [1] ?

Est-ce que l'Angleterre en ce moment hésite à compromettre la couronne du roi de Portugal pour quelques morceaux de terre à Mozambique?

Les exemples sont nombreux et je n'aurais que l'embarras du choix.

Ces considérations des intérêts de quelques Princes ne sont pas sérieuses en présence de l'immense résultat à obtenir [2].

Quand il s'agit d'atteindre le but le plus élevé pour un pays, il n'y a pas à tenir compte de l'intérêt de quelques personnalités, mais de celui de l'Etat. Au surplus, si l'Empereur de Russie hésitait un instant entre les intérêts de son Empire et les sentiments que lui inspirent les rois d'Europe, on pourrait lui faire observer que ceux-ci ne lui en garderaient aucune reconnaissance.

A-t-il le droit de mettre en parallèle les ambitions et les intérêts mesquins de centaines de

---

(1) Voir *Histoire diplomatique*, de M. Debidour, tome II, p. 353.

(2) L'Europe et principalement la France donnent l'hospitalité à nombre d'empereurs et de rois exilés de leurs Etats : les rois de Naples, d'Espagne, de Hanovre, de Bulgarie, de Serbie et enfin l'empereur du Brésil.

rois, princes, archiducs, grands-ducs, etc., avec la haute mission dont il est investi de par ses aïeux et son titre de Czar de toutes les Russies? Cela me paraît impossible ; et de plus ne doit-il pas se rappeler qu'en les sauvant maintes fois, la Russie les a toujours trouvés aussi ingrats et soutenant avec arrogance contre elle, sciemment ou inconsciemment, les menées de l'Angleterre ? L'Allemagne le lui prouve encore par son alliance effective avec l'Autriche et son alliance tacite avec l'Angleterre.

Enfin, ne pouvons-nous lui dire, que par ce temps de fièvre, de remaniements où nous vivons, il perdrait une des plus belles occasions de faire un des plus grands actes que puisse rêver un souverain ; que cet acte, au besoin, s'accomplira spontanément en dehors de lui, et malgré lui et plus vite qu'on ne le prévoit ?

D'ailleurs, certains rois sauraient abdiquer s'il le fallait, si l'opinion publique et l'intérêt de leur pays le réclamaient.

La régente actuelle de l'Espagne, S. M. la reine Christine, n'a-t-elle pas déclaré dans une circonstance assez solennelle, qu'elle était prête à se retirer si le bonheur de son peuple l'exigeait ?

Victor-Emmanuel ne disait-il pas quelques temps après son avènement au trône? « Je ne forcerai pas l'opinion de mon pays en faveur de la royauté. Le jour où on ne voudra plus de moi comme roi, je serai toujours un colonel de cavalerie au service de la Nation. »

Léopold Ier disait, en 1848 : « C'est au peuple belge que je dois le trône, c'est à lui d'en disposer. »

Quand, par droit de naissance ou par tout autre, on devient prince, souverain d'un Etat, il n'est pas possible qu'en présence du pouvoir suprême dont on est investi, on ne soit pas inspiré par des sentiments très élevés, c'est-à-dire qu'on ne se rende pas compte de la haute mission dont on est chargé, qu'on ne pense pas avant tout au bonheur, à la prospérité, à la sécurité du peuple dont on est le Chef, et qu'en conséquence on ne fasse pas disparaître sa personnalité devant sa Patrie pour la sauver.

Il est évident que les rois actuels de l'Europe sont absolument des présidents de République. Cinquante années de régime parlementaire, plus ou moins bien appliqué, nous ont appris qu'ils ne sont au fond que les premiers magistrats de leur pays sous une forme en apparence plus autoritaire.

Quelques jours de lutte n'ont-ils pas suffi pour arracher à toutes les dynasties de l'Europe le droit pour le peuple de gouverner avec elles ?

A notre époque ne peut-on pas affirmer que le même jour se lèvera au moment le plus inattendu et emportera tous les trônes de l'Europe pour faire place à l'union, à la Confédération républicaine ?

Le 1ᵉʳ février 1891 trois régiments se sont soulevés à Oporto contre le roi de Portugal. Le *Times* publiait à ce propos l'entrefilet suivant :

« La révolte paraît avoir été le résultat des efforts prolongés de certains intrigants étrangers. Sa défaite est d'autant plus significative, et il y a d'autant plus lieu de s'en féliciter que le succès aurait pu provoquer en ce moment *même des symptômes insurrectionnels sur une grande partie du continent.* »

Ainsi, l'important journal de la cité prévoit également la possibilité *d'un grand mouvement.* Et, en effet :

« Ce résultat serait bien moins imputable à la supériorité matérielle et aux ressources des adversaires des monarchies, qu'à la faiblesse propre, à l'imprévoyance ou à la lâcheté de ces gouvernements qui, à l'heure du danger, ploient sous la force de la notion du droit par eux foulée aux pieds et s'abandonnent inertes à la destruction parce que soudain leur propre conscience s'agite sous les chaînes dont ils l'avaient chargée [1]. »

En considérant que la Russie acquerrait d'un

____

(1) Voir Holtzendorff. *Principes de la politique.*

seul coup les Indes et la Turquie d'Asie, augmentée, si l'on veut, de la Suède et de la Norwège, formant ainsi un immense Empire homogène, toutes les Cours de l'Europe lui importeraient peu. La seule considération morale [1] serait la crainte de ne plus voir dans le monde que cinq grands Etats, dont trois en confédération républicaine et les deux autres sous la forme impériale. L'Empereur de Russie ne saurait s'y arrêter. J'ai dit que les Etats-Unis d'Europe succédant aux Etats monarchiques actuels, seraient forcément une République pondérée et sage comme l'est actuellement la France et comme le sont les Etats-Unis de l'Amérique du Nord ; à l'intérieur, liberté pour tous ; à l'extérieur, respect absolu des voisins, de leurs biens, et naturellement de leurs idées et de leurs conditions sociales. La République européenne se rendrait parfaitement compte des diverses formes de gouvernement nécessaires aux peuples suivant leur état général du moment.

Gambetta n'a-t-il pas dit : « Restons fidèles à nos traditions nationales ; ayons l'aversion et l'antipathie de la propagande ; laissons aux autres le soin d'aviser au gouvernement qui leur plaît ; nous ne sommes pas forcés d'agir et de penser pour le reste du globe. » Il ajoutait

---

(1) Celle qui, d'ailleurs, l'a toujours retenue.

même : « Nous n'avons pas le droit d'exporter nos luttes religieuses ». Il répétait ainsi le principe d'un autre latin, Guiccardini : « *Ne faites jamais de l'affaire d'autrui votre propre affaire.* »

M. Jules Simon, un des hommes politiques les plus éminents de la France, publiait le 29 juillet 1891, dans le journal *Le Temps*, un remarquable article où il déclare que nous avons réussi en suivant la voie indiquée par Gambetta. Voici le passage de cet article, qui confirme en entier ce que je viens d'avancer :

« On nous a accusés de loin en loin d'avoir des idées de propagande républicaine. Il n'en est rien : il n'y a qu'à nous regarder. Nous voulons faire aimer la République par les Français ; mais, au dehors, nous ne faisons aucune propagande. Il nous suffit de faire admettre la République sur le même pied que les autres gouvernements. Nous voulons être maîtres chez nous ; c'est trop juste ; et nous regardons comme le premier principe de la politique de laisser aux autres toute liberté chez eux.

« Notre conduite à cet égard a été tellement nette qu'on a fini par comprendre partout notre résolution absolue de ne pas nous immiscer dans les affaires intérieures des autres peuples. Nous avons partie gagnée à cet égard. »

Ainsi, des représentants les plus autorisés de

la pensée française ont déclaré bien nettement que nous devons nous borner à penser, à agir politiquement et philosophiquement comme il nous convient, sans nous préoccuper des voisins. Nous croyons faire le bien en étant de sages républicains ; nous ne voulons pas pour cela faire de notre conduite un *article d'exportation*.

Il reste à nos voisins le droit de nous juger et d'apprécier nos moyens de gouvernement, non pour nous être agréables, mais pour le bénéfice de leurs propres intérêts.

De ce qui précède, on doit reconnaître que la France a admis définitivement le principe de ne plus s'immiscer dans les affaires intérieures des autres puissances. Nous ne saurions donc porter ombrage aux hommes intelligents d'aucun pays et encore moins à ceux qui gouvernent la Russie.

Le Céleste Empire est gouverné politiquement et religieusement comme il appartient aux populations qui le composent ; elles sauront progresser suivant leurs besoins et leurs aspirations ; elles nous ont déjà suffisamment prouvé qu'elles n'avaient que faire de nos conseils et nous devons les laisser agir.

L'Empire russe, européen et asiatique, ne saurait être doté d'un gouvernement républicain ; les Etats-Unis d'Europe n'auraient aucun intérêt à propager cette forme de gouvernement chez leur voisin. Cela leur importerait peu, au contraire. Nous comprenons aujourd'hui que cet empire de récente formation ne peut que s'étayer sur la noblesse militaire ; il lui faudra un certain temps pour préparer les classes des sciences, des lettres, des arts, de l'industrie, des manufactures, etc., identiques à celles qui gouvernent la France depuis le commencement du siècle. Non seulement le peuple russe doit les préparer, mais donner des preuves de leur vitalité, de leur science d'administration politique et sociale. Ces preuves existeront le jour où ces classes auront couvert l'immense Empire russe de chemins de fer, de canaux, de routes, d'endiguements, de ports, de mines, de forges, de hauts fourneaux, de grandes exploitations agricoles ; ce jour-là, la bourgeoisie pourra montrer fièrement son œuvre et dire au gouvernement russe : « Nous demandons à être vos collaborateurs en vertu du principe politique suivant : *Nous avons été intelligents, travailleurs et prévoyants ; nous avons donné des preuves de bons gouvernants ; nous avons donc le droit de participer à la direction de l'Etat.* »

Pendant ce temps, des transformations sociales s'accompliront dans les Etats-Unis d'Europe et dans ceux de l'Amérique ; les classes ouvrières y auront montré à leur tour, par un esprit sage et mesuré, par des syndicats, des associations, des travaux exécutés en commun (hommes de science, capitalistes et ouvriers) que le tra-vailleur est susceptible de prospérer et d'admi-nistrer ; elles seront alors appelées à prendre une part active au gouvernement.

Non, l'Empereur de Russie n'aura jamais à craindre l'ingérence politique de la Confédéra-tion européenne ; qu'aucun intérêt, aucun senti-ment ne sauraient exciter à commettre un pareil acte.

On peut répondre que la France a essayé de donner des conseils, de propager les idées libé-rales en Europe ; qu'une fois cette partie du monde constituée en fédération républicaine, elle essaiera de faire passer ses idées en Russie. C'est une erreur profonde, à mon avis ; la propa-gande républicaine n'existe pas en Europe ac-tuellement ; le spectacle de la France républi-caine est suffisant et d'ailleurs si cette propa-gande était faite, elle serait certainement inspirée par l'esprit d'unité qui est au fond de tout Euro-péen recherchant la sécurité dans la formation des Etats-Unis d'Europe. De même que les Italiens et les Allemands propageaient les idées d'unité pour former leurs puissances actuelles, de même ceux qui prévoient l'avenir sans préjugés personnels ou patriotiques, ont le droit et le devoir d'employer tous leurs efforts pour parvenir à ce but élevé. Dès qu'elle l'aura atteint, l'Europe ne retombera point dans les fautes des Allemands et des Italiens ; elle s'organisera intérieurement, elle préparera sa lutte économique, elle réparera ses désastres et achèvera son évolution sociale en hâtant l'avènement des classes ouvrières qu'on ne saurait retarder sans dangers graves pour la société en général [1].

L'Europe aura fort à faire chez elle ; le temps des luttes folles sera passé, les cinq grandes puissances du monde auront acquis un tel développement qu'elles seront suffisamment absorbées par le travail de leur homogénéité sociale, administrative et religieuse.

L'Empereur de Russie est un caractère trop élevé pour qu'il ne se rende pas un compte exact de cet avenir. Ni l'Europe unie en Confédération républicaine, ni la crainte de voir s'écrouler les trônes européens ne l'empêcheront d'accomplir sa haute mission.

Et comme dernier argument, je ne pourrais

---

(1) Les Etats-Unis de l'Amérique du Nord se sont-ils jamais préoccupés de sauver la République Française des attentats de Napoléon Ier et de Napoléon III ? Ont-ils jamais songé à préserver notre troisième République d'une restauration monarchique quelconque ? Assurément non. Il en serait de même pour les Etats-Unis d'Europe ; jamais ils ne s'occuperaient de l'Empire de Russie. Ce serait, je le répète, contraire aux vrais principes de la démocratie qui sont : respect de soi-même, respect des autres et de leur libre arbitre.

mieux faire que de citer un autre souverain encore plus absolu, plus autocrate que l'Empereur de Russie : le Pape ; ne vient-il pas de répondre, en décembre 1890, dans une lettre officielle adressée par le cardinal Rampolla, secrétaire d'Etat, aux évêques français qui lui demandaient s'ils devaient se rallier à la République comme le cardinal Lavigerie l'avait fait solennellement à Alger, un mois avant, que le Gouvernement du Saint-Siège a toujours professé le principe qu'il ne doit ni ne veut s'occuper des idées qui ont présidé à la formation des gouvernements du monde ; qu'il reconnaît et traite avec tous les pouvoirs existants. Que, s'il a entretenu les meilleures relations avec Don Pedro et Napoléon III, il entend que son clergé et lui reconnaissent et vivent en parfaite intelligence avec les Républiques brésilienne et française ; et qu'enfin, il entend voir disparaître parmi les fidèles cette croyance que les catholiques sont ennemis de la République.

Ce langage élevé d'un Souverain spirituel est un exemple et une théorie que le Czar peut suivre. Comme lui, le Pape a été trop longtemps victime des souverains allemands, autrichiens et français. Tour à tour, pour les besoins de leurs causes personnelles, ils ont adulé, flatté ou combattu le Saint-Siège ; le Pape comprend aujourd'hui qu'il doit être au-dessus de toutes ces luttes et

que son pouvoir spirituel grandira en raison de
son désintéressement des querelles personnelles
de quelques dominateurs.

Le correspondant d'un de nos plus grands
journaux [1] à Rome, écrivait, le 3 décembre 1890,
qu'il avait eu la bonne fortune de s'entretenir
de l'incident Lavigerie avec un prélat d'une intelligence supérieure, honoré de la confiance de
Léon XIII. Ce prélat lui rappelait avec beaucoup
d'à-propos, un article retentissant qui a paru il
y a quelques années dans le journal l'*Aurora*,
Dans cet article, l'auteur soutenait que l'Eglise
doit être indépendante de tous les partis politiques. Or, le journal était dirigé par le cardinal
Schiafino et les épreuves de cet article avaient
été revues et corrigées par Léon XIII lui-même.
Le nonce du Pape à Paris, Mgr Czarki, affirmait que c'était la vraie politique du Saint-Siège.
De là, grand scandale parmi les représentants
des partis monarchiques de France. Le nonce
dut quitter Paris, il est vrai, mais il fut créé
immédiatement cardinal. Et si l'on relit bien
cet article de l'*Aurora* on constatera que le cardinal Lavigerie n'a fait que le commenter et le
développer.

Le Pape pourrait ajouter, pour être logique,
que l'Eglise doit être également indépendante

-----

[1] *Le Figaro.*

des races, des nations et de tous les groupes sociaux.

Il en est de même de l'Empereur de Russie : plus il sera pénétré de l'importance de sa haute mission, plus il aura pour objectif ce but : compléter la Russie au Nord et au Sud ; plus il se désintéressera des nombreuses petites cours de l'Europe et plus son autorité morale grandira.

Nous savons en France que Charlemagne a précédé de neuf siècles Pierre-le-Grand, et nous savons aussi que le gouvernement russe a des réformes à accomplir. Aussi, je le répète, pas plus la France que les Etats-Unis d'Europe ne s'occuperaient de l'administration intérieure de la Russie, car ils n'ignoreraient pas le véritable état social de cet empire, sachant, comme le dit si bien Holtzendorff, que : « Les relations entre la politique et l'état social ne sauraient naturellement être considérées comme immuables. Elles sont soumises à des changements tantôt lents, tantôt rapides, du moins en tant qu'elles appartiennent au domaine du développement moral. Si l'on comparaît l'esprit public dans les Etats de l'Orient avec la civilisation européenne, on verrait quelle résistance et quelle faveur la même manière de gouverner peut rencontrer à une époque parmi des nations dont le développement est différent, et combien dans la vie des peuples les périodes de développement sont d'inégale durée.

« La culture politique se mesure à la vigueur de l'esprit public, toutes les fois qu'il s'agit de remplir des devoirs civiques, de poser ou d'atteindre certains buts publics. Ceux qui sont chargés de guider le char de l'Etat peuvent tenir plus ou moins de compte de cet élément, suivant que la nation est plus ou moins avancée dans son développement.

« Le principe historique exige un développement progressif, en temps opportun, suivant les impulsions de la conscience des individus et des peuples. »

Ces idées sont les nôtres. Nous les possédons entièrement. Le gouvernement russe doit s'en bien pénétrer : rien ne s'oppose donc à son union avec la France ; au contraire, tout la commande. L'Empire Russe ne saurait redouter l'Europe constituée en confédération républicaine, car celle-ci ne tenterait jamais de s'immiscer dans sa politique gouvernementale. Ce genre de douce folie n'est pas commun aux démocraties ; leurs principes s'opposent formellement à une ingérence quelconque.

CHAPITRE VII

DU PRÉJUGÉ PATRIOTIQUE

Un des obstacles les plus sérieux en matière de politique internationale est le préjugé patriotique, il sert ou embarrasse tour à tour les hommes d'Etat les plus considérables, il est donc un des arguments qui pourraient m'être opposé, aussi suis-je forcé de le discuter et même de le combattre.

Qu'est-ce que le préjugé patriotique? Personne mieux que Spencer ne l'a défini par les quelques mots qui suivent [1] :

« Le citoyen d'une nation, imbu véritablement
« des préjugés de patriotisme, dit sérieusement
« comme argument : « *Tel acte accompli par*
« *mon pays est certainement blâmable, mais*
« *j'approuve quand même mon pays, qu'il ait*
« *tort ou raison.* »

Ce préjugé est certainement aussi regrettable

---

(1) Dans son livre intitulé : *Introduction à la Science sociale.*

que le préjugé de classe, que l'égoïsme personnel; il renferme les individus dans un cercle
étroit, il les anime d'une solidarité mesquine qui
leur fait accomplir toutes sortes d'horreurs contre les autres groupes de l'humanité, horreurs
qu'ils n'oseraient jamais accomplir, ni même
songer à accomplir contre un seul membre de ce
groupe. Les meilleurs esprits deviennent mauvais dès qu'ils raisonnent ou agissent avec leurs
préjugés patriotiques.

Ce préjugé a été et est un des plus puissants
moyens de domination employés par les chefs
de dynastie. C'est avec lui qu'ils ont souvent conduit leurs peuples à la ruine en préparant les
guerres nationales, aussi Volney a-t-il pu dire, lors
des débats relatifs à la proposition d'accorder au
roi l'exercice du droit de paix et de guerre :

« Jusqu'à ce jour l'Europe a présenté un spectacle affligeant de grandeur apparente et de
misère réelle : on n'y comptait que des maisons
de princes et des intérêts de familles ; les nations n'y avaient qu'une existence accessoire et
précaire. On possédait un empire comme un
troupeau ; pour les menus plaisirs d'une fête
on ruinait une contrée ; pour les pactes de quelques individus on privait un pays de ses avantages naturels. La paix du monde dépendait d'une
pleurésie, d'une chute de cheval ; l'Inde et l'Amérique étaient plongées dans les calamités de la

guerre pour la mort d'un enfant, et les rois se disputant son héritage, vidaient leurs querelles par le duel des nations. »

Les princes en usent d'autant mieux qu'ils le possèdent eux-mêmes par intérêt personnel ; avec lui ils obtiennent des résultats surprenants; ils rendent leurs sujets vaniteux, provoquants, injustes, inconséquents. Spencer en donne un exemple frappant dans le livre que j'ai déjà cité en reproduisant ce qu'un professeur allemand lui écrivait : « On reconnaît, hélas ! à trop de signes que *l'heureux contraste* que les Allemands avaient présenté jusqu'ici avec la *suffisance française* est en train de disparaître *depuis le jour de nos dernières victoires.* Les libéraux allemands, écrit-il encore, ne tarissent pas sur le germanisme, l'unité allemande, la nation allemande, l'Empire allemand, l'armée allemande, la marine allemande, l'église allemande et la *science allemande.....* Ils se moquent des français et en somme l'esprit qui les anime est l'esprit français traduit en allemand. »

Plus loin, le correspondant de Spencer ajoute :

« Dans une discussion avec un allemand, professeur de philosophie estimé, je soutenais que les sciences psychiques et éthiques gagneraient sous le double rapport du progrès et de l'influence, s'il s'établissait pour elles des relations internationales du genre de celles qui existent pour les sciences physico-mathématiques. A mon grand étonnement, dit-il, mon interlocuteur déclara qu'en supposant une union de ce genre possible, il ne la croyait pas désirable parce qu'elle contrarierait l'originalité de la pensée allemande!!! Selon lui, après l'Allemagne, c'était l'Italie qui, dans un avenir prochain, semblait avoir le plus de chance de faire avancer la philosophie ; il avait remarqué, paraît-il, qu'en Italie on connaît tous les traités de philosophie publiés en Allemagne, même les plus insignifiants..... Sa préférence pour les Italiens n'avait pas d'autre cause. »

« Ainsi, les plus beaux traits du caractère allemand se noient dans un teutonisme exagéré. »

Enfin l'ami de Spencer termine en affirmant qu'un professeur de philosophie d'une université de l'Etat, soutenait sérieusement et à grand renfort d'éloquence, que pour compléter les institutions allemandes, il manquait une chose essentielle : c'était....... un costume national. Cette idée bien originale (*si c'est là l'originalité allemande, elle n'est pas enviable*) est encore surpassée par celle exposée au correspondant de Spencer dans les bureaux du ministre des Cultes, elle consistait à avoir une église nationale englobant toutes les sectes actuelles et devant laquelle tous les sujets allemands seraient tenus de se prosterner [1].

On le voit le préjugé patriotique conduit presque à l'aberration, et nous autres Français, nous pouvons en parler, en avouant franchement combien nous l'avons possédé. Aujourd'hui nos actes, nos institutions sont la meilleure preuve que nous ne le possédons plus. La raison principale de cet abandon d'idées fausses est qu'elles ne sont plus entretenues par les besoins d'une dynastie. Nous avons ce qu'on appelle le patriotisme, non pour nous imposer, mais pour nous défendre.

Nous entendons respecter toutes les croyances, toutes les idées, et dans celle d'une confédération européenne nous ne prétendons pas vouloir diriger l'Europe, mais être simplement une partie de cette confédération. Nous ne voyons que cet unique moyen de servir le bonheur de notre groupe social ; c'est là que la différence de notre patriotisme avec celui des autres nations éclate clairement.

Nous n'avons pas d'ailleurs un très grand mérite à cela, car enfin, être citoyen des Etats-Unis d'Europe, être Européen vaut tout autant,

---

(1) M. de Bismarck disait dans un discours important, le 15 avril 1891 : « C'est par modestie que je me dispense d'appeler l'Allemagne la première nation de l'Europe. »

sinon plus, que d'être un simple Français, un
Anglais, un Italien, un Espagnol, un Allemand,
etc., etc. Nous le sommes déjà en Asie et en
Amérique et nous nous en vantons ; cependant,
dès que nous revenons sur notre vieux continent, nous nous empressons d'être de notre province. Européens, nous pourrions encore garder
cette fibre patriotique étendue à l'Europe, que
tant d'hommes croient utile, nous aurions une
patrie plus grande, plus forte, plus sûre de l'avenir, voilà tout.

M. le comte de Ficquelmont, un célèbre homme
d'Etat autrichien [1], résumait bien ce que pourrait
être ce nouveau préjugé patriotique par les paroles suivantes :

« Je n'ai pas le patriotisme étroit d'une frontière politique ; mais j'ai celui d'un Européen.
J'aime l'Europe comme le berceau qui nous est
commun à tous, comme le centre de notre civilisation, comme le foyer qui pénètre toutes les
régions du globe. »

Ne l'ai-je pas dit précédemment, l'Allemagne
veut l'empire de Charlemagne ? Suivant elle le
bonheur de l'Europe ne peut exister qu'à la
condition que le pouvoir suprême soit à Berlin,
dans les mains de Guillaume II.

L'Italie pense que ce bonheur se réaliserait

----

[1] Voir Rothan : *La Prusse et son roi.*

encore bien mieux avec l'empire de César à Rome.

L'une et l'autre veulent leur pays maître de l'Europe, tous Allemands ou tous Italiens ; c'est l'égoïsme patriotique ; il s'est toujours manifesté ainsi lorsque les nations étaient guidées par des conquérants. On se rappelle la célèbre parole de Charles-Quint, du fond de son monastère de Juste, où il se reposait en simple moine, après avoir abandonné le trône de roi d'Espagne et celui d'empereur d'Allemagne. Un courrier impérial lui apportait la nouvelle de la victoire de Saint-Quentin remportée sur les Français, en 1557, par Philippe II, son fils : « Mais il doit être déjà à Paris ! » L'Europe, moins la France, obéissait à l'Empereur d'Allemagne, roi d'Espagne, c'était insuffisant : la France manquait à cette couronne.

Napoléon Ier a donné le même exemple et Guillaume II paraît tout disposé à suivre ses prédécesseurs [1].

----

(1) A propos du voyage de M. Carnot à Nice, le 25 avril 1890, Saint-Genest disait dans le *Figaro*, en comparant ce voyage à celui de Guillaume II, à Strasbourg :

« *Aujourd'hui on ne prend plus les peuples malgré eux,*
« *et en voulant recommencer, en 1871 ce que Napoléon Ier*
« *faisait impunément en 1807, M. de Bismarck a tenté*
« *l'impossible, car il était plus aisé de conquérir à cette*
« *époque un royaume entier qu'une seule province au-*
« *jourd'hui.* »

La France ne demanderait et ne peut demander autre chose que : *Tous Européens et non tous Français.*

Il est vrai que ce serait encore l'égoïsme étendu à deux cents millions d'Européens ; mais on avouera que le préjugé patriotique diminuerait en danger par suite de son étendue. Il est évident qu'il vaudrait mieux le supprimer entièrement, car nous serions alors complètement unis sur la terre.

Mais à chaque siècle sa tâche, et s'il nous est donné de voir les Etats-Unis de l'Europe, définitivement constitués, nous pourrons nous vanter d'avoir assisté à une des plus belles évolutions de l'humanité.

CHAPITRE VIII

———

L'ALLIANCE FRANCO-RUSSE
PRÉPARERAIT-ELLE L'ASSERVISSEMENT
DE L'EUROPE
ET LA RUINE DE LA FRANCE?

———

Un de mes amis, diplomate très-anglophile, me disait récemment : « Ceux qui aiment sincérement la France déplorent son rapprochement avec la Russie, car dans une guerre heureuse, celle-ci absorberait l'Europe et imposerait à la France sa domination sous différentes formes. Elle pourrait même lui demander une contribution annuelle énorme et qui sait si elle ne l'asservirait pas entièrement.» — Sentimentalité très-douteuse de l'Angleterre pour la France.

L'Autriche dit la même chose, mais dans d'autres termes. Le 23 décembre 1890, le *Pesther Lloyd* de Vienne consacrait un article caractéristique aux relations franco-russes. En voici un extrait :

« Si les rapports de la France et de la Russie

planent pour ainsi dire comme un nuage noir d'orage sur le ciel pacifique de l'Europe, et si difficilement on arrive à ce sentiment qu'un jour ces rapports puissent se défaire, toutefois deux évènements de ces temps derniers sont de nature à affaiblir en quelque sorte cette inquiétude : l'un est la façon presque froide avec laquelle on a accueilli la nouvelle du meurtre du général russe Seliverstoff, et l'autre la façon presque bienveillante avec laquelle on a appris, dans l'opinion publique française, le récit de ceux qui avaient aidé à la fuite de Padlewski, en le cachant aux recherches de la police ; l'autre est le four (sic) de la Société « Les Amis de Russie » qui n'affirmait son existence que par les exemplaires d'un journal sans lecteurs l'*Union Franco-Russe.* »

Devons-nous bien croire à un accès de pitié, d'inquiétude de la part des Anglais et des Autrichiens? A mon avis, nous devons plutôt nous en méfier.

Si la France et la Russie réduisaient l'Europe d'un commun accord, ce serait pour y créer un état social qui la tranquilliserait sinon définitivement, du moins pour très-longtemps, qui détruirait l'Empire d'Allemagne et augmenterait considérablement la force de la France afin de toujours tenir prête pour la Russie une alliée contre l'Angleterre.

D'autre part, si la Russie, oublieuse des services rendus, des promesses faites, égarait sa politique au point de demander l'abaissement de la France et même sa dépendance de l'Empire russe, elle forcerait l'Angleterre à la soutenir et la Russie n'arriverait jamais à accomplir son programme séculaire, qui n'est pas de dominer l'Europe, mais l'Asie, dans les régions que chacun connaît.

Quant à la France, elle ne pourrait se résoudre à disparaître que dans un seul cas : « *Celui où elle se fondrait dans un organisme national homogène, de rang supérieur, ayant les mêmes buts et les mêmes tendances qu'elle et disposant de moyens plus parfaits pour les atteindre* [1]. »

Pour la Russie, sa domination, son absorption de l'Europe ne seraient pas conformes « *au rapport national de son état historique avec ses ressortissants respectifs* [2] ». Cette idée prêtée, fort gratuitement du reste à la Russie, me paraît difficilement soutenable, et je crois plutôt deviner qu'elle est une des manifestations les plus habiles de la diplomatie anglaise : créer un sentiment de défiance en France contre le Czar. Il suffirait d'un seul journal, d'un seul homme politique plus ou moins important pour que l'œuvre néfaste des patriotes anglais s'accomplît.

---

(1) Holtzendorff.
(2) Holtzendorff.

Notre direction politique étrangère, toujours si impressionnable, devenue d'une prudence excessive, en prendrait ombrage ; elle exigerait des traités, des garanties de la Russie ; elle discuterait de cabinet à cabinet ; l'Angleterre interviendrait dans ces discussions et les rendrait stériles par son habileté. Il faut cependant espérer qu'aucun homme d'Etat français ne se laissera impressionner par l'intérêt que les Anglais semblent avoir pour nous ; laissons donc couler leurs larmes de crocodile sur notre sort. S'ils avaient voulu nous sauver, ils ont perdu une bien belle occasion en 1870, nous qui, pour leur complaire et sans aucun bénéfice étions leurs alliés en Crimée. La Russie nous a délaissés, se rappelant notre alliance avec l'Angleterre, et cette dernière nous a indignement abandonnés [1], nous prouvant ainsi son égoïsme, aussi notre avenir n'est pas d'être avec elle, mais contre elle pour la Russie ; nous ne devons pas oublier les paroles de M. Crispi alors qu'il était président du Conseil des Ministres, le 25 octobre 1888, au banquet de Turin.

---

(1) Comme le dit M. Debidour, tome II, p. 450. « En 1871 le gouvernement britannique trouvait la France assez abaissée et se fût plutôt prêtée à la relever qu'à l'humilier encore. Toute la politique de l'Angleterre est dans cette phrase : Tenir la France dans une constante dépendance, mais assez forte pour l'aider. »

« L'Italie est amie avec toutes les puissances, bien qu'elle ait avec quelques-unes des rapports plus intimes ; elle est alliée sur le continent avec les nations du centre et elle agit sur mer *d'accord avec l'Angleterre.* »

Et plus tard, celles qu'il a prononcées en la même qualité, au banquet de Florence, le 9 octobre dernier, à la veille des élections générales d'Italie :

« Si l'unité italienne et l'unité allemande se renforcent et se complètent mutuellement, si *l'amitié avec l'Angleterre* est plus que jamais cordiale, cet état de choses répond en même temps aux intérêts et aux inclinations de ces pays. »

Quelques temps après, lors de la chute de M. Crispi, le 31 janvier 1891, les journaux anglais la déploraient, et raillaient les journaux français, en prétendant qu'ils étaient bien naïfs de croire au changement de la politique extérieure de l'Italie, or, les journalistes français avaient constaté seulement avec le plus grand tact que la chute de M. Crispi faciliterait un rapprochement franco-italien.

Ainsi donc, l'alliance tacite, sinon effective, de l'Angleterre avec l'Italie existe. Il en est de même avec l'Allemagne : Héligoland et l'affaire de Zanzibar en sont les meilleures preuves.

Quant à l'Autriche, j'ai déjà dit qu'en 1878,

avant le Congrès de Berlin, l'Angleterre lui avait proposé l'empire danubien pour prendre possession de la Turquie d'Asie et entourer ainsi la Russie de deux empires allemands complétés par elle-même dans la Turquie. Le rêve de la *perfide Albion* apparaît là bien nettement. Elle a déjà Chypre et l'Egypte ; elle voudrait la Turquie d'Asie et pour compléter la chaîne autour de la Russie, elle aimerait voir la domination autrichienne sur la Turquie d'Europe.

Mais comme on est très prévoyant à Londres, on n'y serait pas fâché de voir une France forte et comme toujours dupe de la Grande-Bretagne, afin de pouvoir, le cas échéant, l'opposer à l'un des deux empires qui tenterait de s'allier avec la Russie, assurant ainsi, par les luttes intérieures de l'Europe, la sécurité de l'existence nationale anglaise et les routes de ses colonies. Qu'on regarde une carte : on s'aperçoit bien vite que la véritable lutte est entre l'Angleterre et la Russie ; les autres puissances de l'Europe ne sont que d'utiles tampons.

L'Angleterre redoute le corps à corps avec son adversaire ; elle se contente de se garantir en mettant devant elle les puissances continentales. L'article suivant de l'*Evening Standard* est une des preuves de la terreur que l'alliance franco-russe fait éprouver à l'Angleterre :

« *Il est douteux que M. Carnot, en dépit de*

son désir de complaire et de se rendre utile, prenne en considération, ne serait-ce que pour un instant, la proposition faite par quelques organes de la presse parisienne de se rendre à Moscou pour inaugurer avec le Czar l'exposition française qui doit s'ouvrir prochainement ; il n'est pas d'usage, tout d'abord, que les Présidents de République voyagent comme des Empereurs ou des Rois ; et puis, il y a, au surplus, d'autres objections qu'il est inutile d'énumérer et qu'un projet de ce genre soulèverait sans doute.

« Quelques écrivains français, dans leur poursuite ardente pour aboutir à la conclusion d'une alliance franco-russe, estiment précisément que, en écartant les obstacles qui s'opposent à la réalisation de ce projet et en se départant de la routine qui a prévalu jusqu'ici, on donnerait une importance plus grande et plus significative à la présence simultanée de M. Carnot et du Czar à Moscou ; mais nous nous hasarderons à dire que leurs arguments ne prévaudraient pas dans cette circonstance. Le président Carnot doit remplir bientôt un engagement de visiter plusieurs départements ; mais il n'entreprendra pas de voyage plus long. »

On croit rêver en lisant de pareils arguments. M. Carnot n'irait pas à Moscou parce qu'un Président de République ne voyage pas comme un

Empereur ou un Roi, et parce qu'ensuite M. Carnot a promis de visiter des départements français. Vraiment ! et pourquoi pas, si l'intérêt supérieur de l'Etat l'exigeait ? Si M. Carnot n'est pas allé en Russie pour ces seules raisons, c'est qu'il ne devait pas s'y rendre.

Le langage des Anglais et des Autrichiens se rapproche singulièrement de celui des Allemands, lequel est trop curieux pour ne pas être cité [1].

« *La mauvaise humeur de la presse de l'empire devient de plus en plus violente contre la Russie et la France, mais c'est surtout la première de ces puissances qui provoque l'irritation de nos journaux chauvins. Ils comprennent très bien que la France reste hostile à l'Allemagne ; mais il en est autrement en ce qui concerne la Russie. Le peuple allemand ne peut admettre que le gouvernement de St-Pétersbourg et le peuple russe témoignent à l'Allemagne une antipathie aussi persévérante et c'est une véritable haine nationale qui se développe contre les voisins de l'Est.* »

« *La nouvelle de l'éventualité d'un voyage de M. Carnot en Russie tout improbable qu'il soit est accueillie avec colère par nos chauvins qui n'ont pas assez d'injures contre les confrères*

_____

(1) *Petit Marseillais* du 31 mars 1891.

russes qui souhaitent la réalisation de ce voyage. Aussi le dénigrement revêt-il toutes les formes. »

« A entendre les feuilles les plus exaltées, les exposants de France à Moscou essuieront bien des avanies, bien des outrages, et M. Carnot lui-même pourrait être dédaigneusement accueilli par le Czar. Et ces bons journaux concluent en conseillant amicalement aux Français de se méfier ; qu'ils caressent des illusions et qu'ils sont seuls à avoir pour les russes des sentiments que ces derniers n'ont pas pour eux [1]. »

Si l'on ajoute à ceci les commentaires discourtois qui ont accompagné la remise de l'ordre de St-André à M. Carnot, on verra combien la peur augmente en Angleterre et en Allemagne devant l'intimité croissante de la France et de la Russie.

Aussi, à mon avis, les tristesses des Allemands et des Anglais au sujet de l'alliance franco-russe ne doivent pas nous arrêter ; au contraire, réparons nos fautes passées, dont une des principales est d'avoir manqué cette alliance si utile et si indispensable. Si la France n'a rien à redouter d'une alliance avec la Russie, je crois pouvoir affirmer également que les E. E. U. U. euro-

---

(1) Ces journalistes allemands ne prévoyaient certainement pas alors les admirables fêtes de Cronstadt données en l'honneur de l'escadre française.

péens, une fois constitués, n'auraient rien à craindre d'un Czar trop conquérant. L'organisation, la formation de l'empire russe absorberaient cette puissance pendant une longue période ; ensuite, il y a la Chine, qui est loin d'être une quantité négligeable et forcerait la Russie à tenir vis-à-vis de ses voisins une attitude sage et mesurée.

L'envahissement des Chinois est effrayant. On peut, sans exagération, le comparer aux filets d'eau d'un immense réservoir qui s'échapperaient sur la Russie d'une part et sur l'Amérique du Nord de l'autre. Les Chinois submergeront-ils leurs deux immenses voisins ? C'est peu probable ; mais à coup sûr, il est permis d'affirmer qu'ils les modifieront profondément par leur immense quantité. Cette grave modification est d'autant plus inévitable qu'elle se fait lentement et sûrement. Les Chinois ne procéderont pas par violences, par luttes ; ils viendront timidement en bons asiatiques, et, ce qu'il y a de plus redoutable, sans aucun besoin. Ils thésauriseront plus facilement et de même que les isréalites, ils deviendront peu à peu une puissance assise sur l'épargne lente. Le jour où l'on s'apercevra de la force intruse des Chinois, il ne sera plus temps. C'est pourquoi, je le répète, les Etats-Unis d'Europe n'auront rien à craindre de la Russie complétée qui aura fort à faire pour résister à cette formidable puissance chinoise dont le siège est à Pékin et dont les bras seront partout comme autant de ventouses suçant le monde.

La Russie s'avance en Asie. On n'ignore pas à Londres qu'une grande voie ferrée va traverser le Nord de la Russie d'Asie [1] ; qu'une autre voie de chemin de fer va vers les Indes. Le Czarewitch vient de visiter le littoral de l'Asie, de s'assurer ses futurs domaines ; il n'a pas oublié, en passant, de voir la Chine et le Japon ; et lorsqu'il aura la responsabilité de l'empire russe, il n'oubliera pas non plus qu'il serait impolitique d'avoir un ennemi dans les Etats-Unis d'Europe : ce serait compromettre l'homogénéité de ses Etats. Cet avenir ainsi envisagé nous est un sûr garant que la Russie n'attentera jamais à la sécurité de la Confédération républicaine d'Europe.

---

[1] A titre documentaire et pour prouver combien on commence à se préoccuper de ce grand jeu de la Russie, de la Chine, de l'Amérique et de l'Europe, je cite le passage suivant de la *Nouvelle Revue*, du 1er février 1891, extrait d'un remarquable article signé *Juliette Adam* : « Malgré toutes les intrigues de l'Angleterre, l'action de la Russie en Chine est infaillible et il est plus que certain que la prophétie de lord Wolseley dans « Reviev Rivev » ne se réalisera pas. « *Il y aura un jour*, dit-il, *un grand général qui armera la Chine et en fera un peuple guerrier. Il envahira l'empire russe qui sombrera.* Avant que la Chine devienne guerrière, les chemins de fer relieront le Pacifique à Moscou. »

Que la Chine, au point de vue industriel, soit capable, sous une forte direction, de faire à l'Europe et à l'Amérique même une guerre économique sérieuse, personne ne peut en douter ; mais de là à former une armée qui brise l'empire russe il y a du champ à prendre. Que l'Angleterre même fasse une alliance avec la Chine, elle ne changera rien à l'état des choses. — La Russie avancera à son heure.

***

« Le *New-Yorck Herald* du 8 août 1891 rappelle l'attention sur l'importance d'une coopération en Chine entre les vaisseaux français et américains et se demande si la neutralité de l'Angleterre fait présumer une entente avec Li-Hung-Chang, en vertu de laquelle l'Angleterre profiterait de l'avènement de ce dernier au trône.

Le même journal rappelle comment l'Angleterre a profité de la vigueur dont elle a fait preuve en 1840 et 1863 lorsque la chose n'était pas aussi grave que celle d'aujourd'hui, il conseille à l'Europe et aux Etats-Unis de surveiller l'Angleterre et la Chine. »

Enfin, y a-t-il rien de plus concluant sur cette question que ce qui suit : *The asiatic quaterly Review* publiait en mai 1890 un long et bien

instructif article du colonel Bell, un spécialiste,
sur la question de l'alliance anglo-chinoise. La
question est plus que jamais à l'ordre du jour.

L'auteur analysait la Chine militaire avec
impartialité : « Rien ou peu de chose, une quantité négligeable, et cela pendant dix ans encore,
dit-il. Néanmoins, dans l'état actuel des choses,
cet empire peut, au point de vue militaire, nous
permettre d'arrêter la Russie et de la paralyser
dans l'Asie. Fortifier la Chine au point de vue
anglais, c'est affaiblir la Russie en Asie. La Chine
militaire, il faut la créer, elle n'existe pas. »

Le colonel démontrait, en outre, les avantages
multiples d'une alliance commerciale anglo-
chinoise. A ses yeux, c'est le seul point pratique,
car les progrès de la Russie dans l'Asie centrale
finiront par rendre très aiguë la rivalité entre la
Russie et l'Angleterre.

En voyant les progrès des chemins de fer russes,
l'*Angleterre* et l'*Allemagne* ont conseillé à la
Chine d'aller au-devant, sur les ailes de la vapeur,
jusqu'aux extrémités de ses frontières et de
songer à sérieusement disputer à la Russie,
quand l'heure viendra, le commerce du centre et
du nord de la Chine par la route fluviale de Han-
Kéou sur le Yang-Tsé à l'aide d'un chemin de fer
translactien.

Les chemins de fer russes dans l'Asie centrale
sont à la fois commerciaux et stratégiques. Pour

en paralyser les effets il faut : occuper dans
l'Afghanistan, Hérat, et garder une attitude défensive et offensive ; créer les bases d'opérations
nécessaires et les voies de communication pour
déjouer les ennemis de l'ouest et de l'est. Ces
derniers sont des rivaux commerciaux ; ils peuvent, grâce à leur position, approvisionner la
Chine, et cela au détriment du commerce britannique.

Le colonel Bell démontre à la Chine qu'elle est
perdue, si elle ne crée pas des moyens de communication pour défendre ses possessions au-delà
de la Grande Muraille.

« La Russie est soudée aux flancs de l'empire
mongol, ajoute le colonel. Elle s'étend du Pacifique aux frontières de l'Allemagne, et de l'Arc-
tique à l'océan Indien. Elle englobe la Chine ; si
elle s'avance vers le Sud et absorbe la Chine, il
en sera fait de notre empire des Indes. *A moins
de renverser le trône des Tzars.* »

« Le Japon et la Chine connaissent les ambitions de la Russie en Asie et l'un et l'autre se
rapprochent de l'Angleterre comme d'une alliée
naturelle ; les deux gouvernements savent que
la Russie serait enchantée de les voir aux prises
avec le roi de Corée. C'est le salut de ce pays. La
Chine va faire un grand emprunt pour construire
une ligne stratégique à travers la Mandchourie
jusqu'à la frontière russe. Que l'Angleterre, la

Chine et le Japon soient unis dans un commun intérêt, et les projets de la Russie seront vains. Ses efforts seront paralysés en Chine. Une alliance pourrait être un motif de provocation ; l'union suffit. La Chine n'a qu'à imiter le Japon, favoriser la civilisation européenne et réserver un meilleur sort aux européens, et la Russie aura moins de chance de satisfaire son appétit. »

L'auteur se trompe : il n'y a pas d'appétit à satisfaire ; mais à subir, comme l'Angleterre, la loi inéluctable des évolutions économiques qui sont précédées de certaines modifications de géographie politique. Les lois géologiques des peuples en voie de formation sont aussi fatales que les autres. Le colonel Bell reconnaît indirectement que les chances sont en faveur de la Russie, et néanmoins il voudrait se faire illusion.

Il faut qu'on se persuade de la fatalité d'un nivellement politique dans l'Asie centrale et la Chine. Il faut que, dans les chancelleries les plus optimistes en faveur de l'Angleterre, on reconnaisse la disproportion des forces en présence et qu'on admette que derrière les canons il y a un peuple, une organisation nouvelle d'un caractère et d'un tempérament asiatiques qui ne connaît ni socialistes, ni nihilistes, mais qui ne sait qu'une chose : c'est qu'il y a bien loin, à l'ouest, un souverain qu'on appelle le Tzar blanc, dont la politique généreuse et large permet de respirer librement à ceux qui étouffent.

L'Angleterre oublie les causes réelles de son expansion coloniale et les lois qui y ont présidé. Dire que la Mongolie, le Thibet, la Corée, la Mandchourie ne tomberont pas l'un après l'autre dans la sphère immédiate de la Russie, équivaut à cette proposition : « Il faut que la France jure de ne plus jamais penser à l'Alsace, que la Suisse s'immole elle-même et que l'Angleterre abandonne Calcutta et Mandaloy [1]. »

Voilà qui est clair. L'Angleterre est l'amie de l'Allemagne qui veut notre perte, l'ennemie de la Russie qui veut notre sécurité et notre dignité. Si l'Angleterre nous crie : Gare ! contre la Russie, ce n'est pas dans notre intérêt, ni par amitié pour nous, mais c'est dans son intérêt exclusif contre la Russie. Ne tenons donc aucun compte de ses avis intéressés. J'ai prouvé que la Russie avait assez à faire pour l'homogénéité de son immense empire, pour ses luttes économiques avec l'Amérique et la Chine. L'équilibre sera donc aussi parfait que possible avec les Etats-Unis d'Europe ayant sous leur protectorat l'Afrique entière.

Que l'Allemagne et l'Angleterre ne l'oublient pas : la France pense toujours aux fourberies de

___

(1) Extrait de la *Nouvelle Revue,* du 1er mai 1891.

l'une et au lâche abandon de l'autre en 1870, ainsi qu'aux menaces allemandes de 1875. Quant à la Russie, elle n'a pas encore vengé les duperies et les spoliations du Congrès de Berlin, en 1878. Depuis cette date, la solidarité manifeste de l'Allemagne et de l'Angleterre ont fait celle de la Russie et de la France.

CHAPITRE IX

ETATS-UNIS D'EUROPE PAR LA RUSSIE
ET LA FRANCE

En résumé, plus les Etats sont importants,
moins les conflits avec les voisins sont fréquents.
Lorsqu'on se battait de village à village, de château à château, entre deux baronnies, deux
duchés, deux principautés, deux petites nations,
les guerres étaient fréquentes, constantes même,
car elles dépendaient du caprice, des nerfs plus
ou moins excités d'un seigneur ou d'un petit souverain quelconque. Aujourd'hui que les groupes
ou les nations en Europe sont plus importants,
il faut un quart de siècle pour lancer deux
pays l'un contre l'autre, malgré toutes les raisons de guerre qui existent malheureusement.
Autrefois, pendant le même espace de temps, on

se serait battu à plusieurs reprises ; il y a donc là un immense progrès, c'est vrai ; mais tout le monde est d'accord pour reconnaître que nous sommes disposés à recommencer les mêmes luttes, avec cette différence qu'elles seront plus terribles. Et cependant l'unité de l'Allemagne et de l'Italie, créée avec la plus grande peine, aurait dû assurer pour longtemps le repos de l'Europe, il semble au contraire qu'elle l'ait compromis davantage ; c'est une preuve que les principes invoqués pour faire cette unité n'existaient pas ; que l'intérêt seul de deux dynasties, augmenté de sentiments nationaux inavouables y a présidé sans se soucier de l'intérêt des peuples, des moyens et des suites de leur formation, appliquant et développant ainsi le principe de Frédéric II : « *J'ai acquis, que d'autres conservent.* »

A l'appui de mon raisonnement, je citerai encore ce trop célèbre Frédéric II et une autorité italienne qui résument l'état moral qui a présidé à la formation des unités italienne et allemande. J'extrais d'un livre officiel de l'enseignement, en Italie, le résumé de la formation de cette puissance : « *Tout calculé, nous voyons qu'aucune nation moderne n'a accompli son unité à meilleur marché que nous.* La Grèce, la Suisse et l'Espagne ont soutenu de longues guerres pour expulser l'étranger ; la diplomatie n'est intervenue en leur faveur que pour ratifier les faits accomplis. Pour nous, au contraire, la diplomatie européenne n'a pas craint de livrer des batailles et de *chasser elle-même* tous les ennemis de notre territoire. Notre position géographique, en nous mettant en contact avec plusieurs grandes puissances, *a offert à notre habileté politique naturelle, la possibilité de choisir le moment opportun pour nouer des alliances tantôt avec l'une, tantôt avec l'autre, pour nous tourner ensuite contre l'une, puis contre l'autre, profitant ensuite des avantages et des désavantages de chacune d'elles.* Nous avons *commencé par nous allier à la France,* dont nous avons *exploité* les armes, la politique, la littérature, le commerce, la civilisation, en un mot, bonne ou mauvaise. Aujourd'hui nous sommes les alliés de l'Allemagne et deux fois nous avons *tiré profit* de ses victoires. A ce changement de *protecteur* et de *patron* moral nous avons indubitablement *gagné* [1]. »

« Si notre dépendance envers la France fut, dans les premières années, un devoir de gratitude et *surtout une nécessité politique,* c'eût été

---

(1) Brachet. *L'Italie qu'on voit et l'Italie qu'on ne voit pas,* page 126. M. Brachet ajoute qu'il est curieux de trouver dans un livre scolaire (Liberi) la prédiction de M. Thiers : « *La fidélité de l'Italie aura juste la durée de sa faiblesse.* »

une faute *honteuse* d'y persévérer. » Ce langage est si étonnant, qu'il se dispense de tout commentaire. Quant à Frédéric-le-Grand, ne disait-il pas : « *Si nous gagnons à être honnêtes, soyons-le ; s'il faut duper, soyons fourbes.* » On peut dire que M. de Bismarck l'a bien compris et même dépassé. Quant à Guillaume II, il répétait souvent (il était alors Kronprinz) : « Lorsque je règnerai, je m'appliquerai à faire des dupes [2].»

Quand des nations ont une morale publique aussi regrettable, il n'est pas téméraire d'affirmer et de répéter que leur existence et leur durée sont précaires. L'intérêt et le sentiment peuvent et doivent s'harmoniser. A mon avis, il n'y a de durable que ce qui est fondé par des moyens honnêtes, dans un but avant tout moral. Aussi, je crois sincèrement aux Etats-Unis d'Europe fondés avec les sentiments de justice que j'ai indiqués, et de plus, ils ne pourront jamais être un danger pour la Russie, car il est fort probable que leur constitution aura l'avantage de profiter des mécomptes comme des bénéfices et de l'expérience des gouvernements américain et français, et qu'enfin n'en profiteraient-ils pas, que l'exemple des Etats-Unis d'Amérique et de la République française est assez rassurant pour que mon affirmation ne paraisse pas exagérée.

(2) Voir la *Nouvelle Revue*, du 1er février 1891, page 624.

On peut dire des E. E. U. U. de l'Amérique du Nord qu'ils ne veulent rien conquérir ; leur politique ne poursuit que l'ordre et le bonheur intérieur de leurs Etats, n'engageant avec l'extérieur que des luttes économiques. Ils pourraient avoir une flotte formidable, une armée immense, s'emparer du Canada, des Antilles, chercher des aventures en Asie, en Afrique, comme une simple nation européenne ; ils ne font rien de tout cela ; ils respectent tout le monde, les faibles comme les forts, ne demandant qu'une chose : être respectés moralement et matériellement.

Quant à la France, le monde entier ne lui a-t-il pas donné des preuves suffisantes de sa confiance, surtout au point de vue financier ? Et on peut dire hardiment, à notre fin de siècle, que la confiance de l'argent est le meilleur hommage rendu à une nation. En effet, la Russie, la première, a fait appel à notre crédit pour un emprunt de 400 millions : l'opération a admirablement réussi et pour prouver sa reconnaissance à la France, le Czar a fait remettre, par son ambassadeur, M. de Mohreinhem, à M. Rouvier, ministre des Finances, le grand cordon de l'un de ses ordres. Bientôt après, arrive la catastrophe du Comptoir d'Escompte et M. Rouvier [1], dont l'autorité est si grande, réu-

(1) Qu'il me soit permis de payer, en passant, mon tribut d'hommages à M. Maurice Rouvier, à cet homme d'Etat

nit un soir tous les grands banquiers de Paris, et, avec l'aide de la Banque de France, il trouve immédiatement 125 millions en or qui permettent ainsi d'éviter des incidents fâcheux à la Bourse de Paris. En novembre 1890, l'Angleterre emprunte à la Banque de France 75 millions de francs en lingots d'or. En décembre 1890, le Ministre des Finances, M. Rouvier, parvient. à incorporer le budget extraordinaire dans le budget ordinaire. Enfin, le 10 janvier 1891, la France

---

qui a su arriver par son travail aux plus hautes charges de la République Française. Enfant, il travaillait déjà, quand d'autres ont le bonheur de s'instruire, et, depuis qu'il fait partie du Parlement, il a été quatre fois Ministre, après avoir été trois années de suite Président de la Commission du Budget. Je me rappelle encore, lui avoir prédit à Passy, le lendemain de la chute du Ministère Goblet, sa nomination à la présidence du Conseil et je me souviendrai longtemps de sa réponse : « Non, je ne serai pas Président du « Conseil des Ministres, mille et une raisons s'y opposent et « beaucoup d'autres le méritent mieux que moi. » Je maintins énergiquement ma prédiction, que je n'avais, du reste, formulée qu'après plusieurs entretiens avec quelques députés de mes amis ; et quelques jours après, il lisait à la tribune sa déclaration de Chef du Ministère ; c'est en cette qualité qu'il fut pendant plusieurs jours, le premier magistrat de la France, entre la démission de M. Grévy et la nomination de M. Carnot. Actuellement il est Ministre des Finances depuis près de trois ans, et pendant cette période il a acquis une telle autorité, que ses adversaires ou ceux qui le jalousent, s'inclinent devant son remarquable talent et reconnaissent

fait un emprunt de 869 millions de francs qui est couvert seize fois et demi.

De semblables faits nous permettent de dire à l'Empereur de Russie qu'il peut, comme chef d'État et comme Russe, s'allier franchement avec nous pour faire les État-Unis d'Europe, tout en conservant son immense empire ; c'est, suivant moi, le moyen d'achever l'œuvre de tous les Czars : la domination de la Russie sur l'Asie, la complète homogénéité de ses vastes États, appuyés, étagés sur un puissant ami, à l'élévation duquel il aura contribué.

La France accomplira cette merveilleuse tâche d'autant plus facilement que l'esprit de conquête,

---

les immenses services qu'il a rendus et ne cesse de rendre à la France. Tout le secret de M. Rouvier est dans son ordre et son travail. Chaque fois que j'ai eu l'honneur d'être reçu dans son petit hôtel (rue de la Tour, à Passy), j'ai constaté que l'ordre le plus parfait y régnait, et j'estime que ce n'est pas un banal hommage que je rends à M. Rouvier, car il a accumulé chez lui tous les documents d'une vie parlementaire de vingt-et-un ans, rapports et actes de toutes les assemblées, de toutes les Commissions, etc. Qu'on ajoute à cela une correspondance électorale du même nombre d'années et on se figurera facilement quelle montagne de papier il y possède. Tout est admirablement classé, et, à n'importe quel moment, qu'il soit Ministre ou non, il trouve sans recherches le document nécessaire. Il sera toujours un redoutable lutteur, parce que, mieux que tout autre, il connaît très bien par son travail et son ordre, la question à examiner, à discuter, et le terrain de la lutte.

de domination n'existe plus chez elle, grâce à son état social ; qu'elle a le droit de dire que c'est au nom du véritable principe de liberté, qu'elle veut les Etats-Unis d'Europe ; que c'est le bonheur des peuples européens qu'elle désire par leur union économique et sociale et la cessation de ces guerres toujours faites dans l'intérêt seul de quelques dynasties.

Ces Etats-Unis d'Europe formeraient le quatrième Etat du monde en face des trois autres [1], l'Amérique, la Russie et la Chine. Ce quatrième Etat peut être ainsi indiqué : de Dublin à Constantinople, de Lisbonne à Berlin, avec l'Afrique sous son protectorat [2]. Et pour obtenir ces résultats quels seraient donc les obstacles insurmontables ? A mon avis, il ne s'en présente aucun de sérieux. La Russie, débarrassée de l'Angleterre, aurait les Indes, la Perse, la Suède et la Norwège. Sa diplomatie n'aurait qu'à s'exercer vis-à-vis des trois autres nations du monde ; sa puissance deviendrait formidable, et les principes du gouvernement fédéral de l'Europe seraient si pondérés, qu'il est permis d'affirmer, sans trop de témérité, que les chances de guerre seraient considérablement diminuées.

----

(1) Voir la carte qui est à la fin de ce volume.

(2) La Russie et les Etats du Nord ne possédant rien en Afrique, ce protectorat ne soulèverait aucune difficulté.

Les grandes puissances que je viens d'indiquer, animées d'idées larges et généreuses, lutteraient économiquement pour le bien et la richesse de leurs nationaux. On pourrait dès lors assurer que l'ère des conquêtes serait passée.

Je n'irai pas jusqu'à m'occuper de l'Océanie et de l'Australie ; le concert du monde entier en répondrait.

Et devant ces grands groupes sociaux tomberaient toutes les mesquineries actuelles ; les problèmes du moment se résoudraient plus facilement. Ces groupes auraient les gouvernements et les religions qui leur conviendraient : le pouvoir de l'obscurantisme dans l'Extrême-Orient ; l'autocratie en Russie ; une république modérée en Europe et dans l'Amérique du Sud ; et enfin, une république radicale dans l'Amérique du Nord. La gradation serait aussi parfaite que possible autour du globe et le progrès y suivrait pacifiquement sa marche lente et régulière pour le plus grand bien de l'humanité.

La perspective des résultats à obtenir est assez riante, beaucoup trop même, en présence des tristesses de l'heure actuelle, et n'aurait-elle comme résultat que de permettre un repos à l'esprit en face des responsabilités qui peuvent surgir demain, qu'il est consolant de s'y arrêter, de l'entrevoir quelque peu et de la conserver au profond du cœur comme une douce espérance d'une vie meilleure pour soi ou les siens. De même les croyants de toutes les religions supportent vaillamment les luttes terrestres dans l'espoir d'un paradis où, enfin, l'être humain trouvera la paix morale et matérielle qu'il cherche en vain pendant ses quelques années d'existence.

Il est d'autant moins chimérique de s'abandonner à cette douce idée de l'union générale de l'Europe sous l'égide d'une fédération républicaine, que je me permets d'affirmer qu'elle est non seulement nécessaire, mais indispensable. J'ajouterais même que les princes et leur entourage qui en sont le principal obstacle, penseraient comme moi, s'ils pouvaient se dépouiller, un instant, de leurs préjugés.

Et à l'appui de ce qui peut paraître une audacieuse affirmation, je citerai ces chiffres qui sont effrayants par leur éloquence ; c'est le tableau de l'effectif des armées permanentes en Europe :

	Soldats			Soldats
1. Russie . .	876.938		*Report.* .	3.015.062
2. France . .	512.472	10. Belgique .	43.405
3. Allemagne .	491.840	11. Danemarck	42.005
4. Autriche .	290.106	12. Roumanie .	35.413
5. Italie . .	240.215	13. Suède . .	33.020
6. Angleterre .	224.358	14. Bulgarie .	32.346
7. Turquie . .	182 000	15. Grèce . .	26.346
8. Espagne . .	131.400	16. Portugal .	24.301
9. Hollande .	65.733	17. Serbie . .	13.242
A reporter .	3.015.062		Total .	3.265.140

Il y a en outre 191.000 marins.

Le budget de guerre de l'Europe est chaque année de **quatre milliards cent millions de francs.**

On le voit, une situation pareille n'est-elle pas la ruine, la faillite de l'Europe à bref délai ? et n'ai-je pas raison d'affirmer que la situation est intenable ; l'Europe ne peut être sauvée que par l'union, et l'union ne peut exister que par la fédération des Etats qui la composent.

De plus, n'ai-je pas le droit de dire que cette idée est aussi généreuse et moins idéale que celle de la fraternité universelle ? Cette dernière peut être entrevue comme on entrevoit toute perfection humaine, mais elle est beaucoup plus incompatible avec *la lutte pour la vie* que celle des Etats-Unis d'Europe, qui me paraît s'accorder parfaitement avec ce fait brutal qui jettera toujours les peuples malheureux et forts contre les peuples heureux et faibles.

C'est une loi fatale qui nous pousse (ou nous ramène, si l'on veut) vers les grandes agglomérations, non pas pour mieux asservir, mais simplement pour mieux nous défendre. L'homme s'est affiné, il comprend qu'il a de plus nobles missions à accomplir que celles qu'il a remplies jusqu'ici. Il connaît son domaine, et les progrès réalisés par lui facilitent sa tâche autant qu'ils le forcent à l'accomplir.

J'espère qu'on ne me trouvera ni présomptueux, ni audacieux, dans l'affirmation d'une pareille théorie, alors que le monde entier vient de lire avec respect l'admirable lettre suivante, de M. Jules Simon, du 23 février 1891 :

« Je crois qu'on peut très bien arriver à constituer un tribunal d'arbitrage entre les peuples. La République américaine est un tribunal permanent d'arbitrage entre les états qui la composent.

« Les progrès de la locomotion, le télégraphe et le téléphone, en diminuant les distances et, par conséquent, les dimensions, concourent directement à la création de fédérations embrassant des parties de plus en plus grandes de l'humanité et, finalement, l'humanité entière.

« On demande si cette fédération supprimera définitivement la guerre ? Je crains que non. Des coalitions sont à craindre dans la fédération. Il est à craindre aussi que les puissances chargées de l'exécution des décrets l'exercent à leur profit. Le remède sera une pondération savante des forces des divers Etats.

« Mais, dès le commencement de la fédération, même incomplète, les guerres deviendront beaucoup plus difficiles à commencer et à poursuivre, et cette difficulté augmentera à mesure que l'organisation fédérale se perfectionnera.

« Il y a donc, dès à présent, raison suffisante pour que tous les hommes de cœur se dévouent à la cause de la pacification universelle ».

On peut donc assurer, sans aucun scrupule, qu'elle s'accomplira, quoiqu'on en dise ; qu'il faudra compter avec les véritables sentiments humains et admettre que, sans eux, rien n'est certain, encore moins durable.

Les écoles de Machiavel, de Frédéric II et de M. de Bismarck n'ont pas tué le sentiment chez l'homme. L'Angleterre ne l'a pas remplacé, malgré tous ses efforts, par l'intérêt. Enfin, la raison n'exclut pas la justice, le droit augmente de force, en même temps que le niveau intellectuel s'élève.

Dans tous les chapitres précédents, on l'a bien vu, j'ai toujours été amené à la Confédération européenne, ce n'est donc pas chose si difficile à accomplir. Si la Russie et la France sont vainqueurs dans le terrible conflit qui se prépare, il est certain que la République deviendra aussitôt le gouvernement des peuples latins qui se formeront alors en confédération [1], cel-

---

[1] A l'appui de ce que j'expose, je suis heureux de citer un extrait de la lettre qu'écrivait M. Castelar à son ami M. Giacometi, correspondant du *Journal des Débats* à Rome, à l'occasion de l'inauguration de la statue de Garibaldi, à Nice :

« Je crois en la confédération helléno-latine parce que je l'ai entendue annoncer mille fois à Garibaldi, à Victor Hugo et à Mazzini. Après l'avoir entendue annoncer à ceux-ci, j'ai lu cette profonde pensée dans un sonnet sublime de Schiller consacré à notre révélateur Cristophe Colomb : « Ce que promet le génie, la nature toujours l'accomplit ». Jurons tous, tant que nous sommes, de travailler pour la Confédération latine et pour son repos, devant la statue de son plus héroïque défenseur ! Et comme l'universel esprit de l'humanité nous donne aujourd'hui la raison, le temps nous donnera demain la victoire.

le-ci toujours aidée de la Russie dominera l'Angleterre, l'Allemagne et l'Autriche de telle sorte que ces pays comprendront vite qu'ils doivent remercier leurs maisons régnantes pour se gouverner librement et fonder enfin l'union européenne avec l'Afrique comme domaine colonial.

Ceci peut être appelé rêve, utopie, peu importe, tout va si vite ! idées sociales, progrès de la science, les peuples sont si rapprochés que quelques minutes suffisent pour faire connaître un fait à l'Europe, au monde même, qu'il est permis non-seulement de dire mais d'affirmer que si la Confédération latine existait, quelques heures suffiraient pour créer des gouvernements républicains à Londres, Berlin et Vienne. Quel beau jour ! Quel élan de fraternité ! Comme tous les malheurs, les haines d'autrefois seraient vite oubliés, avec quelle ardeur l'Europe se mettrait au travail, et comme sa prodigieuse activité étonnerait à nouveau le monde; d'un bond elle remonterait à la surface, reprenant sa place de pionnier dévoué de la civilisation.

CHAPITRE X

___

DOIT-ON CONCLURE IMMÉDIATEMENT
L'ALLIANCE FRANCO-RUSSE ?

___

Trois fois déjà dans ce siècle, nous avons manqué l'alliance franco-russe [1].

En 1810, Alexandre Ier avait été pressenti et consentait au mariage de Napoléon Ier avec la Grande-Duchesse, sa sœur ; mais ayant appris,

___

(1) A titre historique, je crois pouvoir rappeler ce que Pierre le Grand disait en 1717, au Ministre du Régent de France. « Remplacez les alliances du cardinal de Richelieu « par la mienne. La France n'aura pas d'alliée plus fidèle « que la Russie. A elles deux, elles dicteront la loi au « monde ».

Plus tard, Alexandre Ier offrait au gouvernement français une alliance en disant : « Ouvrez un compas de « Gibraltar à Beyrouth et choisissez ce qui vous convient ».

par une indiscrétion intéressée, que le César français faisait négocier son mariage avec une fille de l'Empereur d'Autriche, tout fut rompu et la France fit éprouver, par cette union autrichienne, un froissement bien inutile à la Russie ; et comme dans cette alliance, c'était le souverain autrichien qui avait marié sa fille et non le père, Bonaparte ne fut jamais considéré comme le gendre de l'Empereur François.

Au Congrès de 1815, M. de Talleyrand pouvait et devait se déclarer franchement pour la Russie. En agissant ainsi, la France, comme l'affirme M. Thiers, serait aujourd'hui une des plus puissantes Républiques, et qui sait si les Etats-Unis d'Europe ne seraient pas faits !

Napoléon III retomba dans la même faute en l'accentuant davantage. Le Prince Gortschakoff désirait et poursuivait sans cesse notre alliance, après la regrettable guerre de Crimée. Mais non, Napoléon laissa la France et surtout l'Impératrice Eugénie, et quelques-uns de ses ministres les plus influents, s'enthousiasmer outre-mesure et de la manière la plus impolitique en faveur des Polonais, malgré le service rendu par la Russie qui, en 1860, avait empêché une coalition contre nous, après l'annexion de Nice et de la Savoie. Aussi, lorsque en 1870 M. Thiers se rendit à St-Pétersbourg pour solliciter l'intervention de la Russie, ne fût-il pas surpris de trouver la place prise par les Allemands. On le reçut comme un Français de distinction, mais on ne lui accorda rien, absolument rien.

M. Rothan, auquel j'ai fait si souvent appel, disait en octobre 1870 : « Il aurait fallu prendre les devants et rendre impossible à M. de Bismarck l'alliance russe qu'il a rapportée d'Ems, *sans laquelle il ne pouvait rien* et qui lui permet aujourd'hui de réaliser ses desseins en toute sécurité. »

Actuellement (1891), où en sommes-nous ? La situation n'est-elle pas la même qu'en 1875 et 1860, lorsque la Russie nous sauva d'une coalition terrible ? Notre politique doit-elle profiter des enseignements de l'histoire ? Oui, mille fois oui ; mais comment ? Je n'ai pas la prétention de l'indiquer nettement ; pourtant à défaut de précision j'espère démontrer qu'il n'est pas impossible de nous assurer l'alliance russe avant le danger.

Il est vrai, comme le disait si bien M. Rothan, que [1] « la Russie ne s'est que trop aperçue des fautes qu'elle avait faites ; aussi a-t-elle changé de système : elle a rompu avec la politique de sentiment, dont seule elle faisait les frais. Elle laisse aux intrigues libre cours dans les Balkans, certaine que, par la force des choses, elles se dénoueront à son profit ; elle se préoccupe, pour

---

(1) *Revue des Deux-Mondes* du 1er novembre 1887, page 8.

l'heure, plus de l'équilibre territorial en Europe que de la question d'Orient. Elle estime que le jour où la France cesserait de compter, ses propres destinées seraient immanquablement compromises.

« Si le Prince-Chancelier a voulu placer l'Allemagne, son œuvre et sa gloire, par la violence de ses procédés et le jeu complexe de sa politique, entre deux peuples profondément ulcérés, et réunir deux gouvernements divisés de principes, sans affinité d'aucun genre, dans une action commune, par le seul fait de la solidarité de leurs intérêts menacés et sans qu'il soit besoin de traités d'alliance, on peut dire qu'il a pleinement réussi. »

M. Debidour dit dans son remarquable ouvrage que j'ai déjà cité maintes fois :

« Il pourrait bien à la fin se former une alliance franco-russe, on en a parlé, on en parle chaque jour, et c'est là sans doute ce qui, pour le moment, préoccupe le plus le cabinet de Berlin. Il est certain que depuis quatre ou cinq ans, le courant de sympathies qui depuis longtemps existe entre la Russie et la France a pris une intensité alarmante pour l'Allemagne. Les deux nations se tendent visiblement la main. Par leurs livres, par leurs journaux et par des manifestations de toutes sortes, elles montrent chaque jour combien elles s'estiment, combien elles seraient heureuses de combattre ensemble l'ennemi commun. Les deux gouvernements vivent aussi, l'un avec l'autre, en termes fort amicaux et échangent fréquemment des marques de courtoisie qui dénotent leur envie mutuelle de se plaire. »

Plus que jamais la Russie est donc avec nous. Est-ce à dire que, comme Napoléon III, en 1870, qui comptait absolument sur l'Autriche et l'Italie nous devions compter sur la Russie ? A mon avis, non ! et il appartient à notre direction politique d'assurer sur des bases définitives une alliance qui paraît si bien préparée et en même temps faire entrer dans la combinaison le Danemarck, la seule puissance absolument bien disposée à nous suivre pour toutes sortes de raisons.

Si une pareille alliance existait, nous verrions aussitôt ce qu'il faudrait croire du prétendu but de l'alliance italo-allemande, et la partie en Europe se dessinerait clairement. La Suède voudrait immobiliser le Danemarck, et l'Angleterre serait forcée de s'affirmer pour une alliance effective quelconque ; ce serait le cas pour elle d'appliquer la théorie de sir James Fergusson : *examiner la situation, apprécier les circonstances pour voir le meilleur emploi à faire des forces anglaises.* Naturellement, on n'aimerait pas à Londres se prononcer en vain *pour* ou *contre*, et on y répondra toujours qu'il est inutile de provoquer un classement [1]. Mais alors il faut préciser l'époque à laquelle il doit se faire. Nos adversaires ont-ils attendu pour se *classer* ? Non ! après les instruments diplomatiques, ils en sont arrivés à l'union des états-majors et ils se préparent actuellement à la guerre économique qui précédera la guerre sanglante. Attendre serait presque un crime. Nous savons trop bien ce qu'a fait M. de Bismarck en 1870, *par de promptes et ténébreuses combinaisons diplomatiques, par des évolutions rapides et audacieuses,* il a neutralisé la Russie, le Danemarck, l'Autriche, l'Italie et l'Angleterre et aux yeux du monde, il a, par le fer et le sang, anéanti la France et réalisé l'unité allemande qui écrase aujourd'hui l'Europe de son impérieuse autorité.

Si, au contraire, des traités effectifs nous avaient liés avec l'Autriche et l'Italie, la mobilisation allemande eût été moins rapide. Le Wurtemberg, la Saxe et la Bavière se seraient abstenus et l'insatiable Prusse aurait payé cher son audace. Il est vrai qu'elle n'aurait pas bougé. Et ce qui la retient aujourd'hui c'est que, malgré ses démarches, elle ne peut plus recommencer à Saint-Pétersbourg un jeu percé à jour.

---

(1) Ce sont surtout les Allemands, les Autrichiens et les Italiens qui crieraient le plus contre une alliance franco-russe. Mais on peut leur répondre qu'ils n'ont pas attendu jusqu'aujourd'hui pour prendre leurs précautions.

Mais qui sait ? l'Empereur Alexandre et ses sages conseillers peuvent disparaître et il ne faudrait que quelques jours à l'Allemagne pour regagner la Russie ; le Danemarck resterait alors neutre comme en 1870 et nous aurions à faire notre devoir contre les trois puissances coalisées pour la *Paix*.

Aujourd'hui nous pouvons consentir et offrir librement, soit notre concours, soit notre neutralité, soit notre consentement à certains actes ; si nous attendions le moment suprême de la lutte, il pourrait être trop tard, aussi j'estime que pour prévoir le dangereux imprévu de *l'in-extremis* il serait préférable de lier la France et la Russie par un traité [1].

Depuis Frédéric II le but poursuivi par l'Alle-

---

[1] Ce que je réclame est aussi désiré, souhaité ouvertement par les plus hautes personnalités du gouvernement russe et la violence des attaques des journaux allemands contre le baron de Morheinheim, ambassadeur de Russie à Paris, qui le traitent d'inventeur de cette *ridicule idée*, l'alliance franco-russe, doit nous prouver que ce qui déplaît à nos ennemis et les émeut, doit être juste. A deux reprises différentes, le 28 décembre 1890 et le 26 janvier 1891, un important journal russe « *le Soviet* » a réclamé formellement l'alliance. La première fois il disait :

« Supposant que l'Allemagne cherche continuellement à multiplier ses alliances dans des buts nullement pacifiques, nous répétons que pour garantir plus efficacement la paix européenne, il n'y a qu'à opposer aux alliances de l'Allemagne, l'alliance formelle de la Russie et de la France,

magne ayant été celui de l'abaissement de la France et même sa conquête, notre politique est de soutenir énergiquement contre elle le même *combat*. Nous pouvons le dire et l'écrire franchement, car aujourd'hui ce que nous avançons est établi par un siècle et demi de documents officiels et de faits accomplis.

Pour cette lutte, il nous faut l'alliance Russe et je forme les vœux les plus ardents pour que nous l'ayons le plus tôt possible [2].

---

dont les intérêts sont aujourd'hui si étroitement solidaires. »

La seconde fois :

« En présence des formidables armements de l'Europe, il est peu probable que la paix puisse durer longtemps.

« Le désarmement est une chimère. L'Allemagne parle sans cesse de paix, mais elle renforce ses frontières de l'Est et de l'Ouest.

« Au Nord, elle transforme Héligoland en forteresse ; au Sud, elle augmente la défense de Breslau et tient prêts deux mille essieux de la dimension des voies ferrées russes.

« Enfin les usines de Magdebourg ont reçu la demande de plus de deux cents locomotives.

« *Le Soviet* conclut à la réussite absolue d'une alliance franco-russe, seule capable de contrebalancer la Triple Alliance et, par conséquent, de maintenir la paix.

« Le journal russe insiste pour que l'on se hâte , attendre pour entamer les pourparlers que le canon gronde, serait trop tard. »

(2) L'alliance franco-russe est une nécessité qui s'impose depuis longtemps et dont l'exécution a toujours effrayé

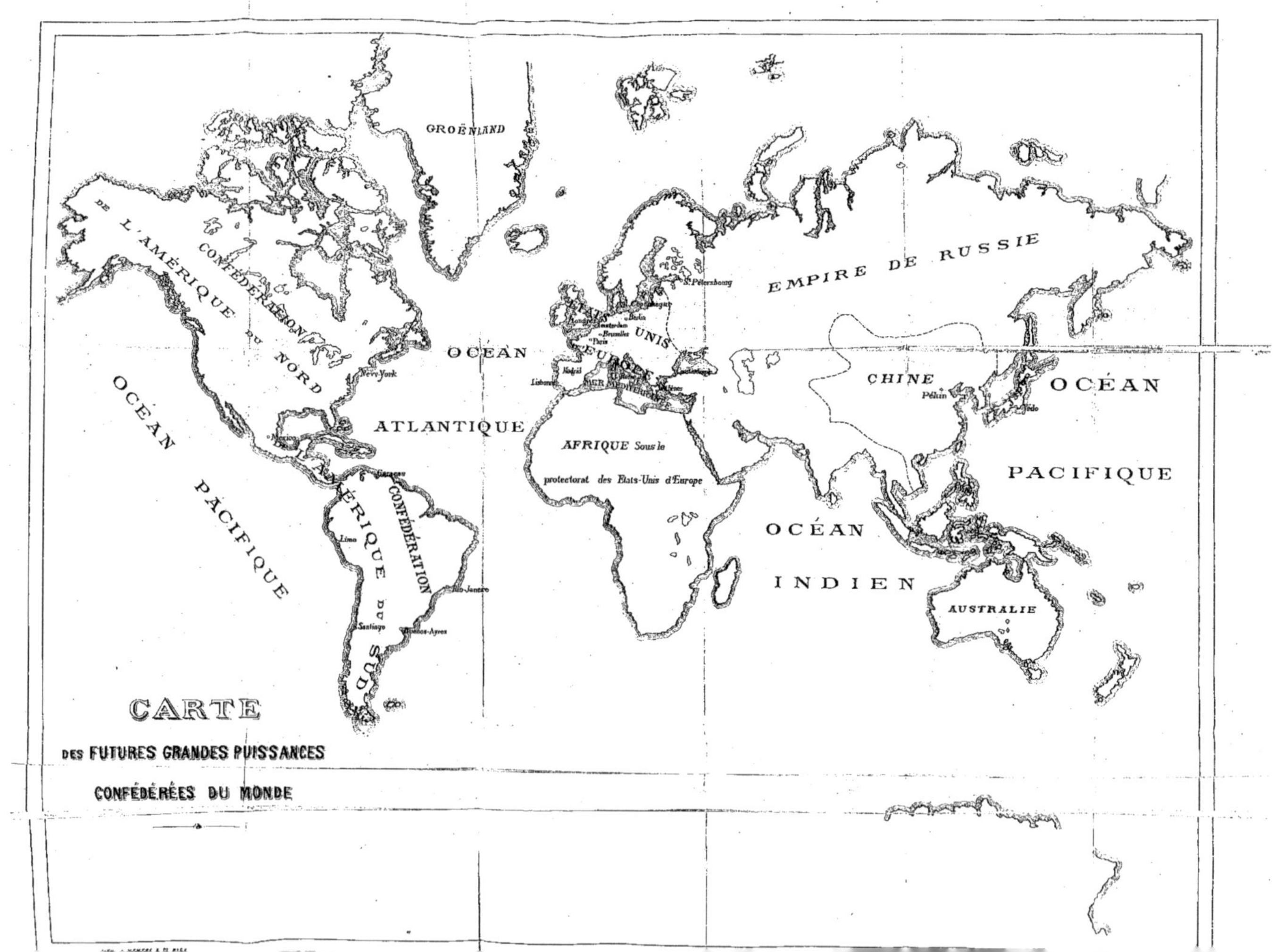

CARTE
DES FUTURES GRANDES PUISSANCES
CONFÉDÉRÉES DU MONDE
GROËNLAND
EMPIRE DE RUSSIE
DE L'AMÉRIQUE DU NORD
CONFÉDÉRATION
OCÉAN PACIFIQUE
OCÉAN ATLANTIQUE
New-York
Mexico
Caracas
CONFÉDÉRATION DU SUD
DE L'AMÉRIQUE
Lima
Rio-Janeiro
Santiago
Buenos-Ayres
UNIS
EUROPE
St-Pétersbourg
Londres
Amsterdam
Bruxelles
Paris
Berlin
Madrid
Lisbonne
MER MÉDITERRANÉE
Rome
AFRIQUE Sous le
protectorat des États-Unis d'Europe
CHINE
Pékin
OCÉAN INDIEN
OCÉAN PACIFIQUE
AUSTRALIE
Yédo

J'ai déjà dit : Comment la faire ? Faut-il que M. Carnot se rende à St-Pétersbourg pour, dans un de ces entretiens sublimes où deux hommes règlent le sort de deux Etats, d'un continent et même du monde, arrêter avec le Czar une ligne de conduite qu'eux seuls et quelques confidents connaîtront ?

Faut-il avec les lenteurs et les formes surannées des chancelleries préparer de solennels documents que toute l'Europe discutera avec émotion et passion pendant plusieurs mois, en attendant que les Chambres françaises les aient ratifiés ?

---

l'Allemagne, ainsi qu'il résulte d'un mémoire de M. de Bismarck sur les rapports de la Prusse avec la France, daté du 2 juin 1857, dont j'extrais le passage suivant :

« Il est probable que tôt ou tard, en tout cas dès que les relations entre la France et l'Angleterre se refroidiront, une alliance franco-russe résultera du *décousu* actuel de l'Europe sans que nous puissions l'empêcher. Il nous faut accepter avec elle cette éventualité et prévoir quelle position nous aurons à prendre le cas échéant.

« L'attente passive des événements et la résolution de se tenir à l'écart sont impraticables au centre de l'Europe. La tentative pourrait avoir des conséquences tout aussi défavorables que l'indécision et l'absence de plan qui caractérisèrent la politique de la Prusse en 1805. Si nous ne nous préparons pas le rôle de marteau, il ne nous restera guère que celui d'enclume.

Lettres de Bismarck, page 303.

Faut-il qu'un groupe d'hommes politiques français prenne des engagements avec le Czar et ses Ministres ?

Je n'oserai rien affirmer, car tout cela me paraît bien insuffisant, mais il appartient, je le répète, à notre direction politique extérieure, à notre gouvernement, de choisir, de trouver une voie, un moyen nous garantissant l'entrée immédiate en campagne des troupes russes, au moment de la déclaration de guerre de la *Quadruple Alliance*.

Un des plus sérieux obstacles à la conclusion de l'alliance franco-russe est certainement ce qu'on appelle notre instabilité ministérielle. M. Jules Simon y a victorieusement répondu dans les termes suivants [1] :

« Mais un préjugé subsiste contre la forme républicaine : c'est qu'étant un gouvernement d'opinion et de majorité, elle ne donne pas aux étrangers une sécurité assez complète pour qu'ils puissent contracter des alliances avec elle. On ne sait avec qui on s'allierait, nous dit-on. M. Carnot et la République de M. Carnot, telle que nous la voyons aujourd'hui, sont éminemment respectables. Rien n'empêche de marcher d'accord avec un Etat ainsi organisé ; mais il n'a rien de stable. M. Thiers était considéré partout comme

______

(1) *Le Temps*, 29 juillet 1891.

devant être président à vie ; un vote formel et solennel liait la durée de sa présidence à la durée de l'Assemblée qui l'avait élu. Cependant un beau jour il a été renversé ; renversé sans troubles, presque sans difficulté, et renversé par les conservateurs. Son successeur, M. de Mac-Mahon, a été obligé de se démettre. M. Grévy s'est démis à son tour. Plus leur départ a été pacifique, plus il est manifeste que la République est inconsistante. Elle a fait de ces petites révolutions comme une loi historique qui s'applique régulièrement. Et notez bien, ajoute-t-on, qu'il ne s'agit pas de substituer un homme à un homme, mais une politique à une politique : il y a autant de différence entre la république du maréchal de Mac-Mahon et la république de M. Carnot qu'entre la royauté et l'empire.

« Sans parler du renversement d'un président, qui a toujours quelque chose de révolutionnaire, et qui visiblement deviendra moins fréquent à mesure qu'on se fera aux mœurs républicaines, vous avez de très fréquentes élections. Il n'y a pas là de révolution même à dose infinitésimale ; il n'y a que le jeu naturel de vos institutions. Une Chambre libérale est remplacée par une Chambre réactionnaire : voilà toute votre politique changée. Nous vous avons vu dans les mains de M. Gambetta, et presque aussitôt dans celles de M. Buffet et de M. de Broglie. Il y a eu un moment qui n'est pas très éloigné, où le Conseil municipal de Paris, qui ne différait guère de la Commune de 1871, ni par ses idées ni par la valeur de son personnel, s'est trouvé en passe d'intimer ses ordres à la représentation nationale. Nous vous plaignons sincèrement d'être soumis à ces alternatives ; nous ne voulons pas en subir le contre-coup. Votre Ministre des affaires étrangères s'appelle aujourd'hui M. Ribot ; il n'y a pas d'homme d'Etat qui ne soit charmé d'entrer en relations avec lui. On irait jusqu'à une alliance, s'il était maître d'appliquer ses idées, et sûr de son lendemain. Mais on ne peut pas s'asseoir avec lui pour se trouver tout à coup lié avec M. Clémenceau, ou avec vos Laur et vos Déroulède.

« Nous pourrions sans doute répondre qu'il y a loin de M. de Bismarck à l'empereur Guillaume II, et de M. Gladstone à lord Salisbury. Quand un empereur succède à un autre sur le trône de Russie, la transformation est peut-être autrement profonde que quand M. Carnot s'assoit dans le fauteuil de M. Grévy. La vérité est que, monarchistes ou républicains, nous sommes avant tout des hommes et que ce que nous appelons la stabilité gouvernementale n'est qu'une forme atténuée des révolutions.»

Enfin si l'on ne peut conclure un traité, faut-il, comme le disait si bien un bon français, M. de Cassagnac, dont je ne partage pas les opinions politiques, mais dont j'admire le patriotisme et la mâle énergie de langage : « Laisser agir l'opinion publique, sans la gêner, sans la contrarier dans ses vivaces expansions.

« Ce qui lie la France à la Russie, qu'on ne l'oublie donc jamais, ce n'est pas un traité diplomatique, rédigé en due forme.

« C'est une sympathie mutuelle, réciproque et qui va grandissant.

« Or, en matière de sentiment, l'exagération n'est jamais une mauvaise chose, surtout lorsqu'elle est sincère et loyale comme dans le cas actuel.

« Ce sont les deux peuples qui ont entraîné leurs gouvernements.

« Or, le peuple, qu'il soit russe ou français, aime peu rester dans la mesure et dans les limites de la correction.

« Il va de l'avant, s'excite, s'emballe.

« Il n'en a assez que lorsqu'il en a trop.

« Voilà pourquoi nous voyons avec plaisir le mouvement franco-russe, pénétrer de plus en plus profondément dans les couches populaires et les agiter puissamment, comme le vent agite les ondes de la mer.

« Un poète l'a dit, le peuple est une mer aussi.

« Et, pour le secouer il faut un souffle d'une rare intensité.

« Plus les deux peuples auront bu l'un à l'autre, plus ils se seront envoyés de souhaits et de vœux par-dessus l'Allemagne qui les sépare, plus ils auront joué, l'un l'hymne russe et l'autre la *Marseillaise,* plus leur union sera forte et plus leurs gouvernements seront liés.

« Car il n'est pas de traités qui vaillent la solidarité fraternelle venant du cœur.

« Et aucune signature, fût-elle échangée devant notaire et sur papier timbré, n'équivaut à la poignée de main, à l'étreinte que se donnent deux nations chevaleresques.

« L'alliance entre les deux peuples, je ne saurais trop le répéter, est une affaire de sentiment.

« Laissez donc parler le cœur et l'âme de la France ! »

Il était impossible d'exprimer d'aussi excellentes choses en de meilleurs termes, et pour finir, je rappellerai le toast du général Tchernaïeff à Moscou, dans un banquet officiel offert à l'amiral Gervais et à ses officiers : « Lorsque chez vous on criera : *Aux armes, citoyens !* nous aussi nous formerons nos bataillons, de la Vistule au Kamtchatka ».

M. de Tatischeff, dans une de ses dernières chroniques politiques du *Messager Russe,* disait avec raison : « Nous sommes profondément convaincu qu'il n'y pas de force au monde capable de dissoudre les liens d'amitié et d'alliance qui unissent les deux gouvernements, tant que ceux-ci s'en tiendront à une bienveillance réciproque comme principe immuable de leurs rapports. »

Tout ceci est admirable et merveilleux comme « *sentiment* », j'en conviens, mais ne vaut-il pas mieux *autre chose* ? Il est permis de supposer que notre éminent Ministre des affaires étrangères, l'honorable M. Ribot, y a déjà pensé, peut-être même est-il sur le point d'avoir terminé ce qu'il appelle *la consécration qui était dans les vœux du pays*. Ce serait à souhaiter, car, je le répète, certaines questions même de détail peuvent à l'heure suprême empêcher, soit notre coopération, si c'est la Russie qui se trouve en danger, soit la sienne si c'est la France qui se trouve attaquée. Les Allemands nous ont trop prouvé dans leurs trois fameux vols : la Silésie, le Schlewig-Holstein et l'Alsace-Lorraine qu'ils étaient de redoutables adversaires aussi bien sur les champs de bataille que sur l'échiquier diplomatique, aucun scrupule ne les embarrasse ; au dernier moment ils n'hésiteront pas à sacrifier l'Autriche et l'Angleterre s'il le faut, après nous avoir fait découvrir complètement, confiants en la Russie, qui n'aurait vis-à-vis de nous aucun engagement sérieux. Et alors il serait permis d'avoir sinon des doutes sur notre succès, mais tout au moins quelques légères appréhensions. Or, pour vaincre, il faut partir au combat, absolument fort, sans la plus petite crainte. Il me paraît certain que l'alliance russe n'en laisserait subsister aucune.

Discutons, précisons ce que nous pourrons promettre, car les services une fois reçus, la reconnaissance est bien vite *périmée*.

Enfin, à défaut d'instrument diplomatique, contentons-nous, en attendant mieux, de ces solennelles assurances de fraternelle amitié qui nous sont prodiguées à la face du monde par le Czar et son peuple. L'émotion qu'elles ont produite chez nos adversaires a été si profonde, qu'elle suffit pour nous en démontrer la réelle importance.

CONCLUSION

Thiers avait mille fois raison lorsqu'il s'écriait devant le roi Victor-Emmanuel, en octobre 1870 : « En dehors de la question d'honneur, quel avenir le refus de venir au secours de la France, et la rupture qui doit suivre, préparent-ils à l'Italie » ?

« Où cherchera-t-elle désormais ses alliances ? Il n'y a pas une puissance, la France exceptée, qui n'ait intérêt à la voir se démembrer, et plus d'une ira chercher dans ses démembrements mêmes les appoints de la future carte d'Europe. »

« L'Italie oublie-t-elle ses embarras intérieurs ? Croit-elle en avoir fini avec le catholicisme et aussi avec les éléments républicains qui fermentent dans son sein ? Ne voit-elle pas surgir mille périls que l'alliance avec la République française seule pourrait conjurer ? » (Rothan)

Ces paroles furent écoutées par le roi d'Italie et
ses Ministres, et jamais oubliées ; elles furent le
point de départ d'une alliance complète avec
l'Autriche et l'Allemagne. C'est une grande faute
que l'Italie a commise, car elle ne recule que pour
mieux sombrer. Elle n'aurait jamais dû oublier le
mot de son véritable fondateur, le comte Cavour :
« Dieu nous garde d'aller de si tôt à Rome ! Dans
cinquante ans, dans un siècle, peut-être, serons-
nous assez forts, assez unis pour en arriver là. »
Rome capitale n'était pour M. de Cavour qu'une for-
mule, qu'un objectif lointain donné aux aspirations
nationales. Pour avoir voulu faire trop vite, l'Italie
a dû abandonner la politique de son célèbre homme d'Etat et se jeter résolument à la remorque
du vainqueur du jour. Comme Guicciardini, dans
ses *Ricordi*, on pourrait lui dire : « Priez Dieu
qu'il vous mette toujours du côté de la victoire,
vous y rencontrerez des profits, de la louange
*pour des choses mêmes auxquelles vous n'aurez
pris aucune part.* » (Brachet)

L'Italie commence à payer cher ses alliances,
tant du côté économique, que de celui de son
amour-propre et de sa dignité de grand peuple.

Le roi d'Italie et sa cour sont allés rendre une
visite solennelle à l'empereur d'Autriche. Jamais
cette visite n'a été rendue à Rome ; l'Autriche ne
néglige aucune occasion d'affirmer avec discré-
tion et courtoisie, sa protestation tacite contre la

situation actuelle de la papauté ; il serait dur
pour l'Italie de lui en donner les preuves, on ne
le sait que trop au Quirinal. Quant à l'Allemagne,
ses hommes d'Etat et ses journaux n'ont jamais
dissimulé leur dédain pour le faible concours que
l'Italie leur apporte ou peut leur apporter : ce
faible concours a diminué depuis la chute de
M. Crispi, (qui s'était vanté outre mesure et avait
voulu de la « grenouille imiter la présomption » ;
comme elle, il en est *mort*), car aujourd'hui tout
est à l'économie.

La politique du gouvernement allemand est
d'ailleurs trop connue pour que personne n'ignore
que la présence du gouvernement italien à Rome
sert : d'une part, à satisfaire les socialistes allemands, de l'autre, à entretenir les espérances plus
ou moins fondées de l'immense parti catholique
allemand et polonais et surtout à dominer le roi
Humbert, qui redoute sans cesse l'entente de
Berlin avec le Vatican.

L'Italie est donc la prisonnière de deux puissances qui n'hésiteront pas à l'abandonner et à
la disloquer même, le jour où certains intérêts
l'exigeront. C'est alors que l'Italie se trouvera
encore plus isolée qu'au moment où Victor-
Emmanuel a refusé non seulement son concours
matériel à la France, mais aussi son concours
diplomatique. Ce jour-là l'Italie mesurera l'étendue de sa faute et c'est la France seule qu'elle

devra prier de la sauver ; et triste ironie du sort!
que dira-t-elle à la France pour la supplier
d'accourir ? : « C'est vous qui avez fait l'unité de
l'Italie ; sauvez votre œuvre, ne nous laissez pas
démembrer. » Quelle devra être la réponse de la
France, si ce n'est la suivante : « Vous reconnais-
sez que nous vous avons faite ; vous nous demandez d'empêcher votre ruine, mais vous oubliez
que vous nous avez laissé démembrer en 1870.
Vous oubliez que vos annexions de 1859 et de
1866 ont été la cause de notre perte; vous oubliez
ces vingt dernières années de luttes de toutes
sortes, vos alliances répétées avec les pires ennemis de la France ; que votre roi, le fils de Victor-
Emmanuel, a commandé et commande un régi-
ment de uhlans à Strasbourg ; que votre ancien
premier ministre, M. Crispi, n'a cessé de nous
tenir le langage le plus hautain et le plus provo-
cant qu'un diplomate ait jamais employé. Et vous
nous suppliez de vous défendre contre l'Allemagne et l'Autriche qui n'ont plus besoin de
vous ! C'est nous demander d'accomplir un acte
de folie comme ceux dont nous avons donné tant
d'exemples et que nos malheurs nous interdi-
sent de renouveler. Adressez-vous plutôt à l'Angleterre qui vous a toujours si bien soutenue et,
si elle est libre de ses engagements avec l'Alle-
magne ou *qu'elle ait intérêt à les rompre et à*
tirer parti de votre situation, peut-être vous

portera-t-elle secours puisqu'elle bénéficie de tous les embarras des puissances continentales.»

Il est évident que cette réponse serait faite avec beaucoup de formes et je crois même pouvoir affirmer que les diplomates français seraient très sincères dans les compliments de condoléances qui accompagneraient leur refus ; ils seraient peut-être plus sincères que les ministres de Victor-Emmanuel formulant les leurs à Thiers, en 1870, lorsqu'ils lui parlèrent de leur sympathie pour la France, de leur regret de ne pouvoir lui être utile : « D'autant plus, ajoutaient-ils, que nous éprouvons un véritable chagrin en pensant que nous serons jugés sévèrement par le monde entier. »

Non ! l'Italie ne peut pas soutenir qu'elle sera toujours l'alliée de l'Autriche ; les intérêts de ces deux puissances sont trop opposés pour qu'une rupture n'éclate pas prochainement ; c'est à peine une question d'années, et sans Berlin ce serait déjà un fait accompli. L'alliance avec l'Allemagne est encore moins sûre et tous les symptômes seraient-ils plus favorables à cette alliance, qu'on pourrait affirmer quand même son peu de solidité. Les enseignements de l'histoire sont là et je citerai notamment les lettres de Cavour où les bonnes raisons ne manquent pas pour prouver à l'Italie qu'elle fait fausse route en s'alliant aux Anglo-Allemands.

Voici comment le grand italien, le fondateur de l'Italie, s'exprimait sur le compte des Allemands dans ses lettres au marquis d'Azeglio, ministre d'Italie à Londres :

(11 mars 1856, Congrès de Paris) : « On a « décidé hier d'inviter la Prusse à venir prendre « part à la révision des traités des détroits et à « l'associer à la signature du traité de paix. Je « pense qu'elle répondra avec empressement à « cet appel tardif. *Ce qui n'ajoutera guère à la* « *considération de son gouvernement.*
« Nous devons avoir l'air enchanté de son « intervention. »

(19 mars 1856) : « Hier, les Prussiens ont fait « leur entrée à la conférence. Vous verrez par « l'extrait de la dépêche ci-jointe, que j'envoie « à Cibrario, qu'elle n'a pas été brillante. »
(janvier 1859) : « Le désir et la volonté de *se* « *débarrasser des Allemands* se manifestent de « toutes les manières en Italie. »
Pour les Autrichiens, Cavour était encore moins tendre.

Il écrivait le 19 mars 1856 : « Il faut au moins « obtenir pour résultat que *l'Autriche soit détes-* « *tée de tout le monde.* Cette haine universelle « portera ses fruits un jour ou l'autre. »
Quant aux Anglais, l'illustre prédécesseur de M. Crispi, les traite bien plus durement :

(15 octobre 1856) : « Les hommes d'Etat an-
« glais sont autant, sinon plus que les autres
« mortels, sujets à changer d'opinion du jour
« au lendemain. »

(23 avril 1858) : « Si le gouvernement anglais
« veut nous abandonner de la manière la plus
« ignoble, il est le maître de le faire, mais nous
« avons du moins le droit d'exiger qu'il soit
« poli. »

(mai 1858) : « Je n'ai pas caché au Ministre
« d'Angleterre, à Turin, que je considérais le
« procédé de Messieurs Disraeli et Fitzgerald,
« comme éminemment unfair » (*unfair* équivaut presque à déloyal).

(janvier 1859) : «..... Vous devez vous borner
« à pousser des soupirs et à vous lamenter sur
« l'horrible position que *l'ingratitude et la*
« *stupidité des hommes d'Etat de l'Angleterre*
« ont faite au pauvre Piémont. »

(15 janvier 1859) : «... Le numéro du 10 jan-
« vier du *Times*, contenait un article tellement
« infâme, que j'aurais payé une forte somme
« pour en souffleter l'auteur. Si les âmes hon-
« nêtes et généreuses en Angleterre n'en sont
« pas indignées, il faut s'en affliger plus pour
« l'Angleterre que pour nous. »

(23 janvier 1859) : «... Il y a longtemps que
« nous le répétons, la conduite que le gouver-
« nement anglais tient à notre égard nous pousse

« dans les bras de la France..... Il se pourrait
« que nos bons amis de Londres ne fussent pas
« fâchés de nous voir *recevoir une raclée par*
« *les Autrichiens*, mais cela ne ferait nullement
« notre compte..... Toute notre étude doit être
« de ne pas irriter ces *hargneux insulaires* (les
« anglais) et d'éviter ce qui peut leur déplaire. »

(18 février 1859) : « La dépêche officielle que
« le ministre d'Angleterre est venu me lire, est
« conçue dans un *style hargneux et parfois*
« *insolent.* » Plus loin, dans la même lettre,
Cavour, traite cette dépêche anglaise de *gros-*
sièreté.

(14 avril 1859) : Lettre à Massimo d'Azeglio.
« ..... Quoique très peu disposé à courtiser les
« *perfides insulaires*, etc. »

Par les citations qui précèdent, Cavour ridi-
culisait les Prussiens, voulait faire haïr l'Autriche du monde entier, traitait les Anglais de
versatiles, d'ingrats, de stupides, de déloyaux,
de perfides, de hargneux, d'insolents, de gros-
siers, etc.

Les appréciations du grand ministre de Victor-
Emmanuel peuvent paraître sévères ; mais elles
expriment son opinion et sont trop d'accord avec
la mienne pour que je ne les recommande pas
à la méditation de ses successeurs.

« Soyez toujours du côté de la victoire », disait
Guicciardini ; mais qui oserait prétendre que la

victoire ne sera pas demain du côté de la France, son relèvement économique, politique et social ayant déjà étonné le monde ? Quant à sa puissance militaire, les effets s'en sont déjà fait sentir plusieurs fois depuis ses désastres. Elle poursuit sans relâche l'armement général de ses frontières ; son immense armée, forte et disciplinée, possède des armes et des engins réputés les meilleurs, ses provisions sont inépuisables, et la banque de France possède le plus fort capital métallique [1] de toutes les nations. Enfin, si l'on veut comparer la France de 1891 à celle de 1870 alors désorganisée, démoralisée, qui a su résister huit mois à l'Allemagne qui était vingt fois plus forte, on est autorisé à penser, sans trop de présomption, que la France d'aujourd'hui, matériellement beaucoup plus puissante, non seulement résisterait davantage, mais aurait pour elle la certitude du succès.

La France est d'autant plus sûre de vaincre ses ennemis que sa force morale est bien supérieure à

---

(1) Tableau des encaisses métalliques de différentes puissances d'Europe, dans leurs banques nationales :

1	France	2.343.190.000 francs
2	Allemagne	1.045.800.000 —
3	Russie	685.800.000 —
4	Angleterre	608.216.740 —
5	Autriche	507.300.000 —
6	Italie.	303.292.000 —
7	Espagne.	264.600.000 —
8	Belgique	101.500.000 —

sa force matérielle. Depuis vingt ans tous les Français ont la même idée, à laquelle ils ne renoncent point et dont ils parlent très rarement ; ils la réservent pour la famille et pour l'école ; elle est la base de l'éducation civique de chaque jeune Français. Le père et le professeur lui apprennent nos hontes et nos malheurs, ils lui en indiquent les causes et il n'en est pas un seul qui ne sache qu'un jour viendra où lui-même et tout ce qu'il possède devra être sacrifié, non seulement pour reconquérir ce que nous avons perdu, mais encore pour venger l'honneur national, pour sauver la France d'un démembrement complet et pour empêcher la réalisation de ce rêve qu'un diplomate étranger m'exposait très nettement : « *Partager la France et la réduire aux départements de la Seine et Seine-et-Oise pour conserver Paris et les Français qui sont une race assez amusante.* »

Dans son discours de Florence, du 9 octobre 1890, M. Crispi émet la même idée en termes plus équivoques : « Personne ne pense, disait-il, qu'il soit possible de songer à une Europe privée de la mission de cette France qui est le plus sympathique sourire de la civilisation moderne. » Cela revient à dire, en langage diplomatique : que tout le monde songe à s'en emparer ; mais comme on ne l'asservira jamais, il vaut mieux la dominer que d'essayer de la détruire. Enfin voici une dernière preuve que souvent l'on

discute notre disparition : c'est cette dépêche de
Berlin du 9 janvier 1891 au *Figaro* : « Dans un
récent *interview* que le journaliste Max Bewer a
eu avec le prince de Bismarck et dans lequel
entr'autres utopies, il a dit que pour avoir la paix,
il fallait mettre la France hors d'état de nuire, le
prince de Bismarck a répondu : « Il est impossible d'exterminer la race française. » Puis il a
ajouté : « L'Allemagne ne fera jamais de guerre
prophylactique. »

En rapprochant le langage de mon diplomate
de celui de MM. Bismarck et Crispi, on voit que
l'on nourrit ou que l'on a nourri le présomptueux
espoir de supprimer la France. La Triple-Alliance
a paru tellement forte à ceux qui en font partie,
qu'ils en ont escompté les résultats proportionnel-
lement à leurs désirs qu'ils croyaient déjà réalisés.

Bien que je me sois longuement étendu sur la
première partie de cet ouvrage : *la Politique de
sentiment*, politique que je préfère parce qu'elle
repose sur l'union des cinq nations latines, que
je désire voir s'accomplir au plus vite, je suis
obligé de reconnaître que la *Politique d'intérêt*
paraît seule réalisable à l'heure actuelle.

L'hostilité en Europe est latente, indéniable et
comme le disait si bien un de nos meilleurs publi-
cistes : « Chaque année, au printemps, on reparle
de la guerre, de cette guerre que personne ne
désire, mais que l'on sait inévitable et qu'on

attend comme un cauchemar qui nous a quittés au réveil et qui va nous reprendre au premier sommeil. » Cette hostilité existe par le fait même des ôtages que chaque puissance détient ; elle est la résultante, comme dit M. Rothan, de la *Politique de pourboires*, si bien définie par M. de Bismarck, après Frédéric II.

Les traités n'ont jamais rien arrangé ; la plupart n'ont été que la consécration officielle d'actes souvent odieux et non du droit et de la justice.

Depuis que le « droit des gens » s'est accentué, les conquérants ont été forcés de justifier leurs violentes conquêtes par un semblant de sentiment.

Cette odieuse comédie ne pourrait se prolonger ; certains chefs d'Etat qui se croyaient les policiers de l'Europe, ont fini leur temps. Aujourd'hui la lutte est nettement dessinée : « le Lion britannique » d'une part, « l'Ours du Nord » de l'autre. Ces deux nations regardent d'un air ironique les autres Etats européens s'agiter constamment et se croire tout-puissants lorsqu'ils se sont volé un coin de terre qu'ils se reprennent le lendemain. Elles sont néanmoins attentives à ces luttes, surtout l'Angleterre, et subordonnent leur politique à deviner le plus fort du moment, afin de se l'attacher par un moyen, une flatterie quelconque.

Au point de vue moral, c'est autre chose : « Il est certain que de grands changements se préparent. Le dix-neuvième siècle a éprouvé toutes les douleurs d'un enfantement laborieux ; mais l'heure la plus sombre est la plus rapprochée de l'aurore. Toute la base de la société est travaillée par une lutte sourde, une collision entre l'ancien système et le nouveau. La Révolution française n'a pas été, comme on a pu le croire, le principe de ce grand mouvement ; elle en a été le premier résultat. La France fut seulement le lieu de l'explosion. Cette lutte s'engage successivement chez toutes les nations. La liberté politique a été, jusqu'à présent, l'objet direct de ses efforts ; mais ce n'est là qu'une première étape. L'homme tend vers une liberté d'un ordre plus élevé, dont les nouvelles institutions, les acquisitions récentes ne sont que l'emblême plus ou moins éloigné. » (*Le Matin*, 24 janvier 1891).

« La faim fait sortir le loup du bois », dit un proverbe populaire. L'Europe affamée ne tardera pas non plus à se révolter. Il est à souhaiter que cela ne se fasse pas trop brutalement...

Depuis vingt ans tout est enchaîné, absorbé par l'élément militaire. Chaque nation jette son or dans l'espoir d'une solution prochaine. Si cette solution tarde, si les gouvernements qui la reculent par crainte de leurs intérêts personnels, croient pouvoir tenir leurs peuples en haleine, ils se trompent ; à l'échéance tacitement convenue, ils se trouveront en face de créanciers impitoyables qui briseront et renverseront tout, peut-être sans discuter un instant. Car s'ils réfléchissaient ils auraient le droit de dire aux chefs des dynasties de l'Europe : « Pourquoi avez-vous dépeuplé les campagnes, ruiné des quantités d'industries ? Pourquoi avez-vous détourné des millions d'intelligences pour les employer à créer des moyens de destruction ? Vous nous aviez affirmé qu'il s'agissait de notre bonheur, de notre suprématie en Europe et dans le monde ; au contraire, nous avons recueilli la misère et la faiblesse : vous nous avez lâchement trompés afin de conserver le pouvoir quelques années de plus. C'est assez, nous voulons nous gouverner nous-mêmes. »

Que les princes, les souverains et leurs parasites redeviennent des citoyens plus ou moins riches, ils n'en seront pas plus malheureux et l'Europe soulagée pourra travailler à sa sécurité économique et sociale.

Le grand mouvement qui a ébranlé les trônes en 1789 et 1848 peut s'achever en quelques jours !... N'est-il pas permis de le souhaiter et de le désirer ardemment ? En vérité, ce serait le seul moyen pratique de faire disparaître les préjugés et le chauvinisme des nations européennes pour faire place à la Confédération dont j'ai tant parlé.

Rien n'est certain, rien n'est durable, en

dehors de cette idée : Les Etats-Unis Républicains de l'Europe d'un côté et l'Empire russe de l'autre.

Comme le général Türr le disait récemment : « *Le désarmement ne sera pas possible en Europe tant qu'on n'aura pas adopté le principe des Etats-Unis libres d'Europe.* » Les souverains européens sont seuls opposés à cette solution pour conserver leur existence et celle de leur cour. Ils émettent de grandes idées comme celles de la reconstitution de l'empire romain, de celui de Bysance, de Charlemagne et de Charles-Quint ; de faire de la Méditerranée un lac anglais, etc., etc. ; de ces folles idées impossibles à accomplir, mais qui prolongent les pouvoirs de chefs d'Etat qui ne subsistent que grâce aux forces militaires qui sont nécessaires pour espérer les réaliser. Nous comprenons facilement ces princes ; au fond ils ont, ils sont forcés d'avoir la même croyance que Louis XIV : *l'Etat, c'est moi.* Comme ce monarque absolu ils prétendent que la sécurité et la grandeur d'un groupe social sont absolument liées et même dépendantes de la satisfaction des intérêts personnels du premier magistrat d'un pays. Nous sommes arrivés à une époque où cette fausse théorie doit disparaître. Il n'est plus permis d'exiger d'une nation, que pour le bénéfice d'une maison souveraine ou d'un autre pays, elle se perde complètement.

Peut-être aurais-je tort de passer sous silence

un dernier argument en faveur de la confédération républicaine de l'Europe, argument qui me paraît singulièrement rassurant pour les peuples monarchiques comme pour le Czar. Qu'il me soit permis de les tranquilliser une dernière fois. La République européenne serait sûrement la véritable cause de leur prospérité, par cette seule raison qu'elle empêcherait un nouvel homme d'Etat quelconque de n'importe quel pays, de bouleverser de nouveau notre continent. Car enfin, nous ignorons s'il n'est pas né ou s'il ne va pas naître, dans notre vieille Europe, un de ces hommes supérieurs, mais néfaste, qui surveillant toutes les nations dont il aura compris les faiblesses, dirigera de son cabinet des intrigues aussi sourdes que dangereuses et divisera, rapprochera, agitera tour à tour les puissances pour son plus grand bénéfice et celui de son pays. Un homme pareil peut se présenter ; mais dans une démocratie il ne pourrait pas s'élever trop haut, ce régime social est trop égalitaire pour permettre la domination d'un Etat par un seul homme, il exécute trop facilement ceux qui le servent ; ce qui lui permet de les protéger contre eux-mêmes et de s'en garantir, car ces natures supérieures se perdent généralement et leurs œuvres n'étant pas durables, s'engloutissent avec elles causant d'immenses ruines que l'humanité répare à grand peine.

Dans le cours de cette étude, on remarquera sans aucun doute, que je me suis servi souvent d'articles de journaux, de discours et de lettres d'importants personnages. Je ne m'en excuse pas ; mais je tiens à m'en justifier. Beaucoup de discussions parlementaires reposent sur les mêmes bases ; l'opinion publique est pressentie, provoquée, consultée par les mêmes moyens et la politique des plus grands hommes d'Etat de ce siècle repose sur leur habileté à manier la presse. Nos mœurs ont fait de la presse le Forum du monde où chacun vient émettre son opinion ; nous y avons nos Cicéron de toutes sortes, et n'est-il pas juste, raisonnable, de placer aujourd'hui toute discussion au milieu de ce Forum du dix-neuvième siècle ? Certaine presse est désavouée ou approuvée, suivant les intérêts personnels de chacun ; mais à travers les temps, celle qui a donné la note juste, persiste ; ses écrits sont des documents pour l'histoire et les peuples se souviennent des hommes qui leur ont dit la vérité et ont prévu de graves événements.

Comme le dit M. le comte d'Hérisson dans la préface de son livre *Journal de la campagne d'Italie* : « Si on me permet cette comparaison, je dirais que ce livre est une ruche, dont les abeilles auraient été remplacées par des hommes apportant leur déposition, comme l'insecte apporte son miel. »

Je n'ai pas fait davantage.

Aussi dois-je ici payer un tribut de reconnaissance à tous les amis qui m'ont aidé de leurs conseils, de leurs travaux et de leur expérience, à tous les auteurs où j'ai puisé, à tous les journaux qui m'ont instruit.

J'estime qu'un livre sur la matière que je viens de traiter présente plus d'une difficulté, car le temps nécessaire à le préparer et à l'écrire est relativement long. Ce temps amène des événements qui changent brutalement la situation et nécessitent des modifications importantes. Je souhaite qu'on me pardonne celles qui ont pu m'échapper. J'ai essayé de faire un résumé des idées émises pendant les dernières années, un ensemble du présent et une prévision de l'avenir.

Je n'ai pas voulu faire autre chose, comptant sur la bonté de mes amis, sur l'indulgence des indifférents et les réponses bienveillantes de ceux qui ne pensent pas comme moi. Vouloir davantage est tellement audacieux que je n'ose y penser. Les événements marchent si vite et sont si imprévus !

Si quelquefois je me suis permis d'employer la forme affirmative, c'est que j'ai voulu exprimer avec plus de force combien j'ai confiance dans la réussite de certaines pensées que j'ai exposées.

Le lecteur trouvera deux cartes dans ce volume : la première est celle du monde, tel que je désirerais le voir classé, c'est-à-dire : Etats-Unis du Nord, Confédération latine d'Amérique, Etats-Unis d'Europe et d'Afrique, Russie, Chine, etc., etc. ; la deuxième contient les appétits avoués de l'Allemagne. Je pourrais passer pour un fantaisiste, si j'osais indiquer ceux qu'elle n'avoue pas officiellement.

Je crois qu'il est suffisant de montrer ceux réclamés par des Allemands, plus chauvins qu'habiles patriotes.

Aujourd'hui nous pouvons parler sans crainte à l'Allemagne ; elle peut nous faire dire de temps à autre par de perfides notes dans les journaux à sa dévotion qu'elle est prête à. nous faire la guerre : nous ne la craignons plus. Cette perspective ne nous fait éprouver aucune émotion. Nos malheurs de 1870-1871 sont tellement grands, que nous sommes certains de ne plus en éprouver de pareils. Ou nous les vengerons de la manière la plus éclatante, ou nous succomberons, non pas à moitié, mais entièrement. Nous nous ferons anéantir peut-être, mais on ne nous domptera plus. Vraiment, depuis un siècle et demi, notre histoire est lamentable. Colonies, territoires continentaux, nous ont été successivement enlevés. Toutes les humiliations nous ont été infligées. Et on voudrait nous en infliger

de nouvelles ! Les mauvais jours ont trop duré ; il
est temps, il est juste que nous en voyions de plus
heureux, de plus profitables pour notre France. [1]

L'Angleterre accentue chaque jour davantage
son hostilité ; on annonce qu'elle s'est chargée *de
garantir la neutralité de la Belgique, de garantir à l'Italie le respect de son littoral*. Les raisons invoquées n'ont même pas une forme
sérieuse (on s'inquiète peu à Londres de la forme).
Pour la Belgique, des officieux déclarent que tout

---

[1] Nous ne recommencerons plus les fautes de 1745 et
de 1866.

Rappelons-nous cette solennelle entrevue de M. de Vaulgrenant, ministre plénipotentiaire de Louis XV avec M.
d'Harrach, ministre de Marie-Thérèse, dans la nuit du 15
décembre 1745. La capitale de la Saxe était envahie par
les troupes victorieuses de Frédéric-le-Grand, l'Autriche
était affolée et son représentant nous proposa des avantages
très-importants à la condition que nous lui permettions de
reprendre la Silésie au roi de Prusse. M. de Vaulgrenant
était sans ordre précis, les deux ministres discutèrent jusqu'à l'aube sans rien arrêter et quelques jours après Marie-
Thérèse consentait une paix honteuse qui attrista profondément la France et assura pour toujours la force de la
Prusse. Si durant cette étrange nuit, les ministres français
et autrichien étaient tombés d'accord, Frédéric se serait
arrêté, la Saxe aurait repris haleine, le roi de Pologne
serait accouru, le prince de Lorraine aurait pu enfin utili-
ser ses troupes, l'Autriche aurait repris la Silésie et la
France se serait augmentée en assurant sa frontière du

le monde connaît sa faiblesse et qu'elle a besoin
d'être protégée ; mais contre qui? On ne précise
pas, et il serait puéril de dire que ce serait aussi
bien contre l'Allemagne que contre la France.
Pour l'Italie, c'est plus grave. La flotte anglaise
protégerait le littoral de la Péninsule contre la
flotte française : c'est tout bonnement injurieux
pour la France, car cela revient à lui lier les
mains pour permettre à l'Italie, tranquille sur
mer, de diriger toutes ses forces sur terre contre
elle. De plus, la flotte italienne serait sans aucun
doute autorisée à empêcher nos communications avec l'Afrique et à venir guerroyer contre
la flotte française, quitte au premier signe d'in-

Nord sans même faire campagne. (Voir les remarquables
études diplomatiques de M. de Broglie, *Revue des Deux-
Mondes*).

En 1745, comme en 1866, nous pouvions nous interposer
entre la Prusse et l'Autriche sans aucun sacrifice matériel
et recueillir les plus grands bénéfices tout en empêchant
un agrandissement regrettable de la Prusse notre éternelle
ennemie ; les mêmes fautes ont produit les mêmes désastres : la cour de Versailles, en 1745, laissa M. de Vaulgrenant sans ordres ou plutôt avec des instructions contradic-
toires, la cour des Tuileries, fit de même en 1866 avec M.
Benedetti ; nos deux malheureux ambassadeurs durent au
milieu, des batailles et des triomphes des rois de Prusse
jouer le rôle ridicule d'arbitres tout puissants qui ne savaient
ce qu'ils voulaient. Ne recommençons plus de pareilles fautes, prévoyons l'avenir ; ce n'est pas au milieu des camps de
Dresde et de Nickolsbourg que nous devions discuter,
c'était tranquillement, de cabinet à cabinet, quand nous
étions assez forts pour offrir ou pour refuser.

fériorité, à se replier sous la protection des cu
rassés anglais. Quelle qualification donner à d
semblables pensées (car, actuellement, il n'y
que des aspirations et non des traités)?, je n'e
trouve aucune; mais il faut cependant les discu
ter, les regarder bien en face et agir.

Les inquiétudes de la Triple-Alliance sont éno
mes. Guillaume II est profondément agité et n
néglige rien pour obtenir l'alliance de l'Angle
terre : promesses de toutes sortes, engagement
de toute nature, douces cajoleries sont follemer
prodigués par l'Empereur allemand pour séduir
le gouvernement de Londres et l'amener à s
compromettre en faveur de la Triple-Alliance.
réussira-t-il? Je l'ignore. Mais avec son tempér;
ment inquiet il est permis de supposer qu'en ca
d'échec il pourrait surprendre l'Europe par u
coup de foudre, qui serait la guerre, satisfaisai
ainsi son mysticisme qui le porte à se croire charg
de missions divines et le côté inconstant d
son caractère qui le porte à accomplir les actes le
plus sérieux comme une véritable gaminerie.

Il ne faut pas se dissimuler que tout ceci e;
grave. Le temps presse. Chaque jour le cercle s
resserre autour de la France. L'Angleterre e;
entrée résolument dans la Triple-Alliance : il fau
que la partie s'accuse nettement, que l'Italie e
sorte et alors tout s'arrangera. Si elle y reste, l
Russie et la France sauront qu'elles ont, non pa
à attaquer, jamais elles n'assumeront une tell

responsabilité, mais à se préparer d'un commun accord à une légitime défense. Et enfin, dernière perspective, si la France doit rester seule, ses enfants n'en seront que plus courageux ; ils attendront patiemment l'ennemi, et quand l'heure de la lutte sonnera, ils marcheront le cœur rempli du sentiment des martyrs d'autrefois, et montreront au monde étonné ce qu'un peuple est capable de faire lorsqu'il s'agit de sauver son existence.

Qu'on parcoure, en France, les campagnes, les ateliers, les casernes, les écoles, les salons, partout la même idée est froidement ancrée, et, deux heures après la mobilisation de notre armée, quand le jour sera venu, hommes, femmes et enfants, tous seront prêts aux derniers sacrifices. Sans un cri, sans forfanterie, les Français feront leur devoir. Ce n'est pas une légion d'hommes ignorants que les ennemis de la France trouveront devant eux, mais la nation entière, une immense muraille d'êtres intelligents, d'autant plus décidés à accomplir leur mission que tous auront reçu dans leur famille pour dernier adieu : « Revenez vainqueurs ou ne revenez jamais. »

Oui, nous avons une force matérielle et morale redoutable, d'autant plus grande que nous en parlons peu, contrairement à l'Allemagne, et que nous dédaignons froidement les attaques aussi odieuses qu'intéressées de ceux de nos ennemis que notre relèvement inquiète.

Aussi avons-nous cessé de parler de la *furia francese* pour laisser aux allemands leurs rodomontades sur le *furor teutonicus*.

Mais si nous connaissons à fond notre sublime cause, nous devons aussi prévoir tous les malheurs, et agir avec autant d'activité que nos ennemis. Détruisons nos illusions pour les remplacer par des réalités. Ces dernières, quelles qu'elles soient, vaudront cent fois mieux qu'une confiance exagérée en des alliances douteuses. Provoquons par tous les moyens des déclarations pour ou contre nous et ne nous laissons pas surprendre diplomatiquement comme en 1870, lorsque tous nos prétendus amis se sont excusés ou se sont dérobés avec plus ou moins de désinvolture.

Ce sera d'autant plus facile que les Allemands se sont chargés d'éclairer la situation par leur principe :

« Qui n'est pas avec nous, est contre nous. »

Nos ennemis ont voulu et veulent la guerre, tout en s'en défendant et en ne parlant que de paix. C'est triste, bien triste ! et pour terminer, je leur répondrai par ce cri sarcastique de Volney : « Modernes Lycurgues, vous parlez de pain et de fer : le fer des piques ne produit que du sang, c'est le fer des charrues qui produit du pain. »

FIN

TABLE DES MATIÈRES

Pages

Préface 5

PREMIÈRE PARTIE

Politique de Sentiment

Introduction.. 9
CHAPITRE Iᵉʳ.   Alliance avec l'Italie................ 15
CHAPITRE II.   Considérations générales sur l'Italie. 27
CHAPITRE III.   Des raisons capitales qui rapprochent
                 la France de l'Italie................. 35
CHAPITRE IV.   Malentendus franco-italiens créés et
                 exploités par l'Allemagne et l'An-
                 terre................................. 41
CHAPITRE V.   Politique gouvernementale de l'Ita-
                 lie. Sentiments du peuple italien.. 57
CHAPITRE VI.   Garantie et sûreté de la sincère ami-
                 tié de la France..................... 61
CHAPITRE VII.   Dangers des promesses et de l'amitié
                 des Allemands........................ 63
CHAPITRE VIII.   Déloyauté germanique. Loyauté latine 71
CHAPITRE IX   Union de l'Italie et de la France par
                 leurs démocraties.................... 75
CHAPITRE X.   De la papauté dans l'union des races
                 latines.............................. 83

TABLE DES MATIÈRES

Pages

Chapitre XI. Derniers arguments.................. 93
Chapitre XII. Alliance avec l'Espagne............ 107
Chapitre XIII. Alliance avec le Portugal............ 123
Chapitre XIV. Alliance avec la Grèce............ 131
Chapitre XV. Résumé de la politique de sentiment. 137

DEUXIÈME PARTIE

Politique d'Intérêt

Préface.. 149
Chapitre Ier. Situation Européenne.............. 163
Chapitre II. Solutions diverses................. 173
Chapitre III. Alliance avec la Russie, le Danemark, la Hollande, le Portugal, l'Espagne et la Grèce..................... 179
Chapitre IV. Remaniements territoriaux......... 193
Chapitre V. Alliance de la Russie et de la France. 204
Chapitre VI. La dissemblance des institutions serait-elle un obstacle insurmontable à l'alliance de la France et de la Russie ?..................... 214
Chapitre VII. Du préjugé patriotique.............. 223
Chapitre VIII. L'alliance franco-russe préparerait-elle l'asservissement de l'Europe et la ruine de la France ?........... 233
Chapitre IX. États-Unis d'Europe par la Russie et la France...................... 255
Chapitre X. Doit-on conclure immédiatement l'alliance franco-russe............ 264
Conclusion.................................... 28

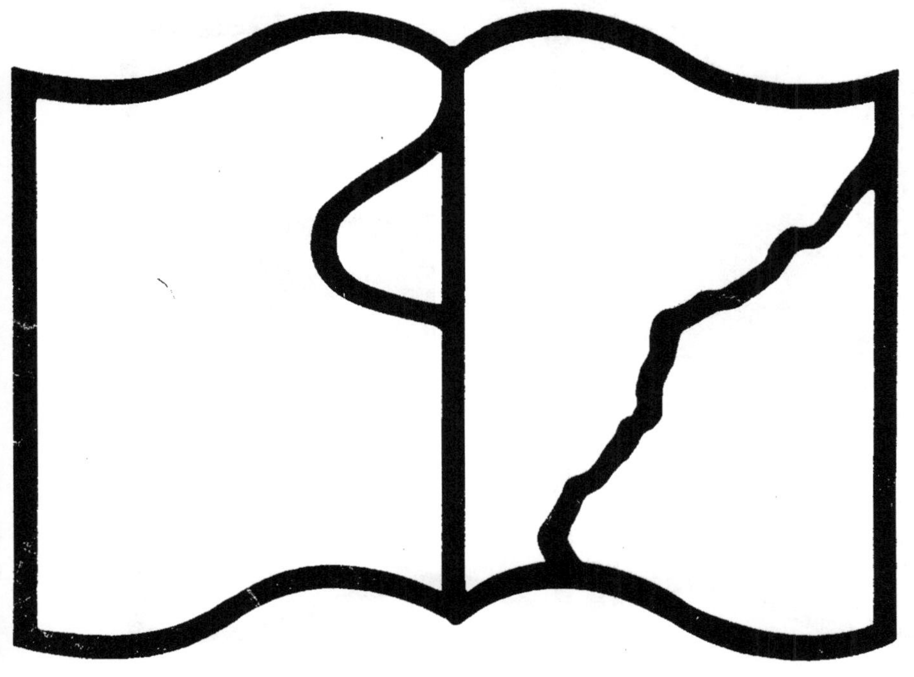

Texte détérioré — reliure défectueuse

NF Z 43-120-11

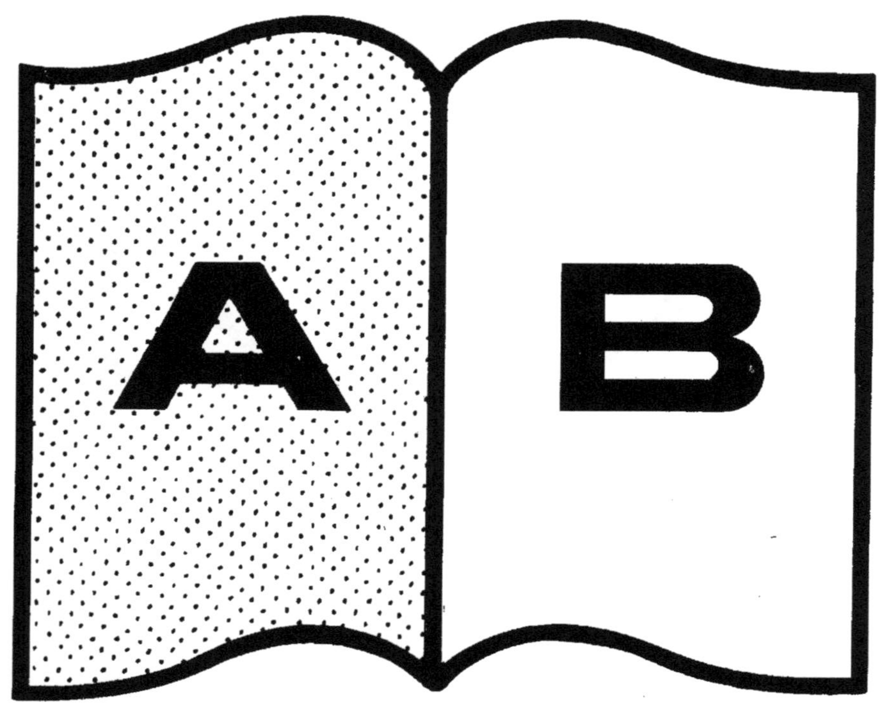

Contraste insuffisant

NF Z 43-120-14